Wie Weihrauch steige mein Gebet vor dir auf

Konkrete Liturgie

Werner Eizinger

Wie Weihrauch steige mein Gebet vor dir auf

Meditative Gottesdienste mit Symbolen

Verlag Friedrich Pustet
Regensburg

Bibliografische Information der Deutschen Nationalbibliothek

Die Deutsche Nationalbibliothek verzeichnet diese Publikation
in der Deutschen Nationalbibliografie;
detaillierte bibliografische Daten sind im Internet über
http://dnb.d-nb.de abrufbar.

www.pustet.de
www.liturgie-konkret.de

ISBN 978-3-7917-2137-8

Umschlaggestaltung: Martin Veicht, Regensburg
Umschlagmotiv: J. G. Schreibmayr GmbH – Kirchenbedarf München
Satz und Layout: MedienBüro Monika Fuchs, Hildesheim
Druck und Bindung: Friedrich Pustet Regensburg
Printed in Germany 2008

Inhalt

Anhang

Vorwort

Den hier vorgelegten Gottesdiensten liegen biblische Symbole bzw. Symbolbegriffe zugrunde. In den Texten wird versucht, die biblische Symbolsprache zu deuten und für das Glaubensleben fruchtbar zu machen.

Alle Gottesdienste sind so konzipiert, dass sie von einer Gemeinde oder Gemeinschaft auch dann gefeiert werden können, wenn kein Priester oder Diakon zur Verfügung steht.

Für die Durchführung ist wichtig, dass die Symbole jeweils gesehen und gefühlt werden können und dass für die Stille am Anfang und am Ende zur inneren Sammlung und zum persönlichen Beten ausreichend Zeit gewährt wird.

Die Liedvorschläge sind aus dem allen Diözesen gemeinsamen Teil des Gotteslobs ausgewählt. Teilweise sind auch eigene Lieder des Autors eingefügt, die im Anhang verfügbar sind. Selbstverständlich können für eine konkrete Gemeinde auch Lieder aus dem Diözesananhang oder anderen Liederbüchern eingesetzt werden, soweit ein thematischer Bezug gegeben ist.

Asche

Handlung Eine mit Asche gefüllte Glasschale wird vor der Gemeinde so auf einen Hocker gestellt, dass alle freien Blick darauf haben. Bei einer größeren Gemeinde kann man mehrere Hocker mit solchen Schalen platzieren. Die Glasschalen können auch herumgereicht werden, damit jeder Teilnehmer die Asche befühlen kann.

Kurze Stille zur Sammlung und zum Betrachten und Befühlen der Asche, evtl. mit Musik untermalt.

Lied Wir sind nur Gast auf Erden (GL 656) *oder*
Ach wie flüchtig (GL 657)

Wechselvortrag *(zwei Sprecher)*

Mit Asche werden wir gezeichnet
am Beginn der Fastenzeit.
  Verbrennungsrückstand,
  verbranntes Holz.
Stoppelfelder zündete man früher an
und Kartoffelkraut,
  damit die Asche Dünger sei
  auf Feldern und auf Äckern.
Asche: schmutziger Staub nur
in unseren Händen.
  Zu Staub werden auch wir einmal,
  gleichen uns der Erde an,
ob unser Leichnam in der Erde liegt
oder wir uns verbrennen lassen.
  Dann wird offensichtlich,
  was wir sind.
Adam sind wir:
der aus Erde.
(hebr.: adam = Mensch, adamah = Erde)

Ausdeutung

Asche ist ein Zeichen unserer Vergänglichkeit. Aller Stolz und alle Eitelkeit werden im Tod zu Staub und Asche. Aller Ruhm und alle Ehrung unter Menschen können uns nicht helfen. Besitz und Reichtum lassen wir im Tod zurück.
Nichts nehmen wir mit, nur uns selbst – als die, die wir sind.
Und wenn wir dann vor unserem Richter stehen, hoffen wir, dass seine Liebe und Barmherzigkeit größer ist als das, was Menschen Gerechtigkeit nennen.

Schriftlesung

Jona machte sich auf den Weg und ging nach Ninive, wie der Herr es ihm befohlen hatte. Ninive war eine große Stadt vor Gott, man brauchte drei Tage, um sie zu durchqueren. Jona begann, in die Stadt hineinzugehen; er ging einen Tag lang und rief: Noch vierzig Tage, und Ninive ist zerstört!
Und die Leute von Ninive glaubten Gott. Sie riefen ein Fasten aus, und alle, groß und klein, zogen Bußgewänder an. Als die Nachricht davon den König von Ninive erreichte, stand er von seinem Thron auf, legte seinen Königsmantel ab, hüllte sich in ein Bußgewand und setzte sich in die Asche. Er ließ in Ninive ausrufen: Befehl des Königs und seiner Großen: Alle Menschen und Tiere, Rinder, Schafe und Ziegen, sollen nichts essen, nicht weiden und kein Wasser trinken. Sie sollen sich in Bußgewänder hüllen, Menschen und Tiere. Sie sollen laut zu Gott rufen, und jeder soll umkehren und sich von seinen bösen Taten abwenden und von dem Unrecht, das an seinen Händen klebt. Wer weiß, vielleicht reut es Gott wieder und er lässt ab von seinem glühenden Zorn, so dass wir nicht zugrunde gehen.
Und Gott sah ihr Verhalten; er sah, dass sie umkehrten und sich von ihren bösen Taten abwandten. Da reute Gott das Unheil, das er ihnen angedroht hatte, und er führte die Drohung nicht aus. *(Jona 3,3–10)*

Lied

O Herr, nimm unsre Schuld (GL 168) *oder*
O Herr, aus tiefer Klage (GL 169)

Schriftlesung Jesus sagte zu den Schriftgelehrten und Pharisäern: Dieses böse und treulose Geschlecht fordert ein Zeichen, aber es wird ihm kein anderes gegeben werden als das Zeichen des Propheten Jona. Denn wie Jona drei Tage und drei Nächte im Bauch des Fisches war, so wird auch der Menschensohn drei Tage und drei Nächte im Innern der Erde sein. Die Männer von Ninive werden beim Gericht gegen diese Generation auftreten und sie verurteilen; denn sie haben sich nach der Predigt des Jona bekehrt. Hier aber ist einer, der mehr ist als Jona. *(Mt 12,39–41)*

Ausdeutung Sich in Asche setzen oder das Haupt mit Asche bestreuen, war schon in früher Zeit ein Zeichen der Buße. Die Menschen verbanden diese Handlung mit der Bitte, Gott möge ihnen ihre Sünden vergeben. Ihren guten Willen zeigten die Menschen durch Fasten, Abkehr von ihren Sünden und Hinwendung zu Gott.

Am Beginn der Fastenzeit legt uns die Kirche Asche aufs Haupt oder bezeichnet uns auf der Stirn mit Asche. Daher kommt die Bezeichnung „Aschermittwoch". Die hier benützte Asche stammt von den verbrannten Palmzweigen des Vorjahres. Diese Aschenauflegung ist ein Ausdruck unserer Bußbereitschaft. Wer zur Aschenauflegung kommt, drückt damit aus: Ich weiß, dass ich vor Gott ein Sünder bin. Im Tod werde ich mich auf nichts berufen können außer auf Gottes Barmherzigkeit. Ich bitte ihn um Vergebung und will von meinen verkehrten Wegen umkehren. Ich will mich nun auf den Weg Gottes begeben, auf den Weg der Nachfolge Christi.

Die Aschenauflegung geschieht im Zeichen des Kreuzes. Am Kreuz hat uns Christus erlöst von Sünde und ewigem Tod.

Stille für persönliches Nachdenken und Beten. Evtl. können dann Gebetsworte laut ausgesprochen werden.

Lied Sag Ja zu mir (GL 165) *oder*
Wer leben will wie Gott (GL 183)

Weihrauch

Handlung Glühende Kohle und Weihrauch werden in eine Schale gelegt.

Kurze Stille zur Sammlung und zum Betrachten des aufsteigenden Rauches und zum Einatmen seines Duftes, evtl. mit Musik untermalt.

Lied Wie Weihrauch steige mein Gebet zu dir auf (s. Anhang S. 118)

Sprecher *Zur Geschichte des Weihrauchs*

Echter Weihrauch entsteht durch das Verbrennen des Harzes, das aus der Rinde des Boswelliabaumes austritt. In früher Zeit wurde dieses Harz in Arabien, Abessinien und Indien gewonnen. Später pflanzten die Ägypter diese Bäume und vermischten ihr Harz mit anderen Substanzen. Diese Mischung verwendete man, um schlechte Luft und damit Ansteckungsgefahr zu vertreiben. Hochgestellten Persönlichkeiten wurde solches Räucherwerk auf den Straßen vorausgetragen. Schließlich wurden Götterbilder als Zeichen der Verehrung und Huldigung beräuchert. Der Brauch dehnte sich im griechischen und römischen Einflussbereich aus.

Die Israeliten lernten den Weihrauch schon in Ägypten kennen und verwendeten ihn im religiösen Kult bei der Darbringung von Opfern. Die Christen benützten Räucherwerk ursprünglich nicht in der Liturgie, sondern eher im privaten Bereich zur Luftverbesserung in Versammlungsräumen und bei Begräbnisfeiern. Als nach der Verfolgungszeit das römische Hofzeremoniell in die Liturgie übernommen und die Kirchendiener den Staatsbeamten gleichgestellt wurden, wurde auch dem Papst ein Rauchfass vorausgetragen.

Ab etwa dem 7. Jahrhundert begannen die Päpste damit, beim Einzug in die Kirche, bei Prozessionen und bei der Gabenbereitung mit Weihrauch dem Kreuz, dem Altar und dem Evangelienbuch Verehrung zu erweisen.

Biblisches Wechselgespräch

Der Herr sprach zu Mose:
Nimm dir Duftstoffe, Gewürze, Kräuter
und reinen Weihrauch, von jedem gleich viel,
  und mach Räucherwerk daraus,
  ein Würzgemisch, wie es der Salbenmischer
  herstellt, gesalzen, rein und heilig.
Zerstoße einen Teil davon ganz fein
und bring davon wieder einen Teil vor die
Bundesurkunde im Offenbarungszelt,
wo ich dir begegnen werde,
hochheilig soll es euch sein.
  Das Räucherwerk, das du bereiten sollst,
  soll dir als dem Herrn heilig gelten. *(Ex 30,34–37)*
Herr, ich rufe zu dir, eile mir zu Hilfe;
höre auf meine Stimme, wenn ich zu dir rufe.
  Wie Weihrauch steige mein Gebet vor dir auf, als
  Abendopfer gelte vor dir, wenn ich meine Hände
  erhebe. *(Ps 141,1–2)*

Ausdeutung

„Wie Weihrauch steige mein Gebet vor dir auf", hat der Psalmist gebetet.
Weihrauch ist ein Symbol unserer Gottesverehrung und -anbetung.
Wenn wir das Kreuz beräuchern, ist es Anbetung des gekreuzigten Herrn.
Wenn wir den Altar beräuchern, ist es Anbetung des sich für uns opfernden Herrn.
Wenn wir das Evangelienbuch beräuchern, ist es Anbetung des in seinem Wort gegenwärtigen Herrn.
Wenn wir Leib und Blut Christi beräuchern, ist es Anbetung des im Sakrament gegenwärtigen Herrn.
Wenn der Priester beräuchert wird, ist es Anbetung Christi, als dessen Repräsentant er handelt.

Wenn die christliche Gemeinde beräuchert wird, ist es Anbetung Gottes, denn als Getaufte sind wir alle Tempel des Heiligen Geistes, der in uns wohnt.
Der aufsteigende Weihrauch ist auch Symbol dafür, dass wir darauf vertrauen, dass all unser Beten, unser Lobpreis, unser Dank und unser Bitten aufsteigt zu Gott und bei ihm Annahme und Erhörung findet.

Lied Wie Weihrauch steige mein Gebet zu dir auf
(s. Anhang S. 118)

Stille für persönliches Nachdenken und Beten.
Evtl. können dann Gebetsworte laut ausgesprochen werden.

Lied Großer Gott, wir loben dich (GL 257,1.9–10)

Kerze

Handlung Vor der Gemeinde wird eine weiße Altarkerze aufgestellt und entzündet. Alle anderen Lichtquellen werden ausgeschaltet, damit sich die Aufmerksamkeit ganz auf die Kerze konzentriert.

Kurze Stille zur Sammlung und zum Betrachten der Kerze, evtl. mit Musik untermalt.

Lied Ich bin das Licht der Welt (s. Anhang S. 111)

Wechselgespräch *nach Art eines Brainstorming*

Eine brennende Kerze erhellt die Dunkelheit.
  Eine Kerze spendet Licht.
Das Kerzenlicht lässt uns im Finstern sehen.
  Eine brennende Kerze wird immer kleiner.
Die Kerze verzehrt sich selbst.
  Indem sich die Kerze hingibt, spendet sie Licht.
Die Kerze steht schlank und aufrecht da.
  Man kann die Kerze nicht biegen,
  höchstens brechen.

Sprecher *Kerzen im Gottesdienst*

In den Kirchen brennt vor dem Allerheiligsten eine Kerze. Auf dem Altar brennen Kerzen. Das Evangelienbuch wird von Kerzenleuchtern begleitet. Die Kerze ist im Gottesdienst Symbol für die Gegenwart Christi im Sakrament und im Wort des Evangeliums.

Schriftlesung Als Jesus zum Volk redete, sagte er: Ich bin das Licht der Welt. Wer mir nachfolgt, wird nicht im Finstern umhergehen, sondern das Licht des Lebens haben. *(Joh 8,12)*

Meditation

Der Herr sagt von sich: „Ich bin das Licht der Welt."
Das kann kein Mensch von sich sagen,
er wäre denn ein Scharlatan.
Das konnte nur der sagen,
der von Gott kam, ja selber Gott war.
Wenn ich ihm nahe bin,
tappe ich nicht mehr im Dunkeln,
sondern erkenne den Sinn,
sehe das Ziel und den Weg.
Er hat sich nicht verbiegen lassen,
weder von Freunden noch von Feinden.
Er ist sich treu geblieben und seiner Sendung.
Aufrecht stand er im Leben und lehrte die Wahrheit.
Auf sein Wort und seine Tat ist Verlass.

Wie die Kerze im Verlauf von Stunden
immer kürzer wird,
wie sie sich verzehrt, indem sie Licht spendet,
so hat Christus sich Tag für Tag verzehrt
in der Hingabe an Gott und an die Menschen.
Er tat es bis zur Selbsthingabe am Kreuz,
um uns zu erlösen von Sünde und Tod.

Stille für persönliches Nachdenken und Beten.
Evtl. können dann Gebetsworte laut ausgesprochen werden.

Schriftlesung

Der Herr sagt zu seinen Jüngern: Ihr seid das Licht der Welt *(Mt 5,14)*. Wer sein Leben retten will, wird es verlieren; wer aber sein Leben um meinetwillen verliert, wird es retten *(Mt 16,25)*.

Meditation

Ich schätze Menschen,
die wie die Kerze aufrecht im Leben stehen
und sich nicht verbiegen lassen.
Die sagen, was sie denken,
und denken, was sie sagen,
auf deren Wort und Tat Verlass ist,
die sich nicht verbiegen lassen
durch Vorteilssuche und Bestechung.

Kann die Kerze auch ein Bild sein für mich?

Die Kerze erhellt den Raum
nicht mit grellem, gleißendem Licht,
sondern mit wohltuendem Schein.
In ihrem Licht kann ich mich orientieren.

Kann die Kerze ein Bild sein für mich?

Menschen, die anderen Licht sind
im Dunkel ihres Lebens,
im Suchen nach Sinn und Ziel,
im Suchen nach dem Weg,
sind wertvoller als Gold und Diamant.
Ein Licht stellt man „auf den Leuchter,
dann leuchtet es allen im Haus“ *(Mt 15,5)*.

Die Kerze verbreitet angenehme Wärme.
Kalt ist das Licht im Studio,
obwohl es uns ins Schwitzen bringt,
wohlig dagegen das Licht der flackernden Kerze.
Es heimelt mich an, als wär’s was Lebendiges,
als wär es ein Du.
Ich fühl mich geborgen
in der Kerze Schein und Wärme.

Kann die Kerze ein Bild sein für mich?

Menschen, die Geborgenheit ausstrahlen, tun gut,
als wär man bei ihnen zu Hause.
Kann man bei mir Geborgenheit finden,
kann man bei mir zu Hause sein?

Je länger die Kerze brennt,
desto kürzer wird sie, sie verbrennt.
Doch nur, indem sie verbrennt,
spendet sie Licht und Wärme.
Es ist ihr Dasein, sich hinzugeben.
Sie muss sich geben, um wertvoll zu sein.

Kann die Kerze darin ein Bild sein für mich?

Kann ich mich geben,
um Licht und Wärme zu spenden
und dadurch wertvoll zu sein für andere?
Oder will ich mich für mich bewahren?
Dann aber kann ich niemandem
Licht und Wärme geben.

Der, an den ich glaube, hat gesagt:
„Wer sein Leben retten will, wird es verlieren;
wer aber sein Leben um meinetwillen verliert,
wird es retten."
Und er, an den ich glaube,
hat sein Leben hingegeben,
damit alle das Leben haben.
Und er hat mich eingeladen,
ihm nachzufolgen.

Stille für persönliches Nachdenken und Beten.
Evtl. können dann Gebetsworte laut ausgesprochen werden.

Lied Ihr seid das Licht der Welt (s. Anhang S. 113)

Wasser

Handlung Wir treffen uns am Taufbrunnen, am besten, wenn in diesen frisches Wasser fließt. Ansonsten: Vor der Gemeinde steht ein Zimmerbrunnen, den wir einschalten.

oder:

Aus einem Krug wird vor der Gemeinde ganz langsam klares Wasser in eine Schale oder Schüssel gegossen, am besten in eine große Glas- oder durchsichtige Kunststoffschale.

Kurze Stille zur Sammlung und zum Betrachten des Wassers, evtl. mit Musik untermalt.

Lied Erde singe (GL-Diözesananhänge)

Schriftlesung So spricht Gott, der Herr: Ich gieße reines Wasser über euch aus, dann werdet ihr rein. Ich reinige euch von aller Unreinheit und von allen euren Götzen. Ich schenke euch ein neues Herz und lege einen neuen Geist in euch. Ich nehme das Herz von Stein aus eurer Brust und gebe euch ein Herz von Fleisch. Ich lege meinen Geist in euch und bewirke, dass ihr meinen Gesetzen folgt und auf meine Gebote achtet und sie erfüllt. *(Ez 36,25–27)*

Wechselgebet Der Gottesfürchtige ist wie ein Baum,
der an Wasserbächen gepflanzt ist,
  der zur rechten Zeit seine Frucht bringt
  und dessen Blätter nicht welken. *(Ps 1,3)*
Wie ein Hirsch lechzt nach frischem Wasser,
so lechzt meine Seele, Gott, nach dir.
  Meine Seele dürstet nach Gott,
  nach dem lebendigen Gott. *(Ps 42,2–3a)*

Tiefe Wasser sind die Worte
aus dem Mund eines Menschen,
ein sprudelnder Bach,
eine Quelle der Weisheit. *(Spr 18,4)*
Die Weisheit nährt den Gottesfürchtigen
mit dem Brot der Klugheit,
und tränkt ihn
mit dem Wasser der Einsicht. *(Sir 15,3)*
Ihr werdet Wasser schöpfen voll Freude
aus den Quellen des Heils.
An jenem Tag werdet ihr sagen:
Dankt dem Herrn! Ruft seinen Namen an!
(Jes 13,3–4a)
Gesegnet der Mann,
der auf den Herrn sich verlässt
und dessen Hoffnung der Herr ist.
Er ist wie ein Baum, der am Wasser gepflanzt ist
und am Bach seine Wurzeln ausstreckt:
Er hat nichts zu fürchten, wenn Hitze kommt;
seine Blätter bleiben grün;
Auch in einem trockenen Jahr ist er ohne Sorge,
unablässig bringt er seine Früchte. *(Jer 17,7–8)*

Meditation

Aus dem Wasser kommt alles Leben,
auch was sich heute an Land
und in den Lüften tummelt.
Wasser ist ein Bild für das Leben.
In der Natur ständig sich ändernd
in Farbe und Gestalt,
Felsen aushöhlend
und Steine abschleifend:
unbändige Kraft.
Trägt Leben in sich,
nährt Pflanze und Fisch
und was sonst noch sich in ihm regt.
Nach schweißtreibender Wanderung
schöpf ich davon,
brennenden Durst zu löschen
und labe ermüdete Füße
in dem kühlen erfrischenden Nass.

Wasser: Wohltat für alles, was lebt.
An heißen Tagen spring ich hinein,
darin zu schwimmen, zu tauchen.
Wasser ist unser wichtigstes Nahrungsmittel.
Wir brauchen es als Getränk,
zum Kochen und Backen.
Wasser brauchen wir zur Reinigung
des Körpers und der Wäsche.
Wasser – ein Sinnbild des Lebens,
köstliche Gabe Gottes für uns.
Doch seinen Wert lernen wir meistens erst schätzen,
wenn es uns fehlt.

Mit Wasser wurden wir getauft,
von aller Schuld gereinigt,
auf dass neues Leben in uns gedeihe,
Leben mit Christus.
Mit Gottes Geist in der Taufe begabt,
auf dass göttliches Leben in uns gedeihe.
Leben mit Christus, der sagt:
Ich bin die Auferstehung und das Leben.
Leben mit Christus – ewiges Leben.

Stille für persönliches Beten in Lobpreis, Dank und Bitte.
Danach können Gebetsrufe auch ausgesprochen werden.

Lied Ich bin getauft und Gott geweiht (GL 635)

Öl

Handlung Aus einem großen Krug wird Öl langsam in eine große Glasschale oder -schüssel geschüttet. Evtl. wird das Öl durchgereicht, damit jeder daran riechen kann.

Kurze Stille zur Sammlung und zum Betrachten und Riechen des Öls, evtl. mit Musik untermalt.

Lied Komm, Schöpfer Geist (GL 245,1.4.6)

Sprecher *Zur Geschichte des Öls*

Öl fand schon in der Antike als Nahrung, Salbungsmittel und Medizin Verwendung. Heute sprechen wir ja wieder von der guten Wirkung ätherischer Öle auf unsere Gesundheit.

Aus Indien kam das duftende Nardenöl, das aus den Wurzeln der Narde, eines Baldriangewächses, gewonnen wird, in den Vorderen Orient. Im Mittelmeerraum und in der kirchlichen Liturgie wird zur Salbung Olivenöl verwendet. Die Kirche vollzieht Salbungen an Täuflingen, an Kranken, bei der Firmung und der Priesterweihe. Dabei wird Olivenöl mit Duftstoffen vermischt, vor allem mit Balsam. Der Balsam wird aus dem aromatischen Stoff der ersten Schößlinge des Balsamodendrons gewonnen. Die balsamische Duftsubstanz soll aus Saba nach Palästina gekommen sein, wo König Salomo die Pflanze kultivieren ließ.

Schriftlesung *Über die Salbung bei der Priesterweihe in Israel*

Der Herr sprach zu Mose: Das ist es, was du mit ihnen tun sollst, wenn du sie zum Priesterdienst für mich weihst: Lass Aaron und seine Söhne zum Eingang des Offenbarungszeltes treten und wasche sie mit Wasser. Nimm Salböl, gieß es auf sein Haupt und salbe ihn! *(Ex 29,1a–b.4.6)*

Schriftlesung *Die Salbung der Könige in Israel*

Der Herr sagte zu Samuel: Wie lange willst du noch um Saul trauern? Fülle das Horn mit Öl und mach dich auf den Weg! Ich schicke dich zu dem Betlehemiter Isai; denn ich habe mir einen seiner Söhne als König ausersehen. Ich selbst werde dich erkennen lassen, was du tun sollst: Du sollst mir nur den salben, den ich dich erkennen lasse. Isai ließ sieben seiner Söhne vor Samuel treten, aber Samuel sagte zu Isai: Diese hat der Herr nicht erwählt. Und er fragte Isai: Sind das alle deine Söhne? Er antwortete: Der jüngste fehlt noch, aber der hütet gerade die Schafe. Samuel sagte zu Isai: Schick jemand hin und lass ihn holen; wir wollen uns nicht zum Mahl hinsetzen, bevor er hergekommen ist. Isai schickte also jemand hin und ließ ihn kommen. David war blond, hatte schöne Augen und eine schöne Gestalt. Da sagte der Herr: Auf, salbe ihn! Denn er ist es. Samuel nahm das Horn mit dem Öl und salbte David mitten unter seinen Brüdern. Und der Geist des Herrn war über David von diesem Tag an. *(1 Sam 16,1.3.10–13):*

Wechselgebet Muss ich auch wandern in finsterer Schlucht,
ich fürchte kein Unheil;
  Denn du bist bei mir,
  dein Stock und dein Stab geben mir Zuversicht.
Du deckst mir den Tisch
vor den Augen meiner Feinde.
  Du salbst mein Haupt mit Öl,
  du füllst mir reichlich den Becher. *(Ps 23,4–5)*
Dein Thron, du Göttlicher,
steht für immer und ewig;
  das Zepter deiner Herrschaft
  ist ein gerechtes Zepter.
Du liebst das Recht
und hasst das Unrecht,
  darum hat Gott, dein Gott, dich gesalbt
  mit dem Öl der Freude wie keinen deiner
  Gefährten. *(Ps 45,7–8)*

Der Geist Gottes, des Herrn, ruht auf mir,
denn der Herr hat mich gesalbt.
Er hat mich gesandt, damit ich den Armen
eine frohe Botschaft bringe und alle heile,
deren Herz zerbrochen ist;
damit ich den Gefangenen die Entlassung verkünde
und den Gefesselten die Befreiung,
damit ich ein Gnadenjahr des Herrn ausrufe,
einen Tag der Vergeltung unseres Gottes,
damit ich alle Trauernden tröste,
die Trauernden Zions erfreue,
ihnen Schmuck bringe anstelle von Schmerz,
Freudenöl statt Trauergewand,
Jubel statt der Verzweiflung. *(Jes 61,1–3)*

Besinnung Bei Taufe und Firmung wurden wir alle mit geweihtem Öl gesalbt. Im Alten Bund wurden Priester und Könige gesalbt. Ihre Salbung war Ausdruck dafür, dass sie zum Dienst für Gott ermächtigt wurden, mit Gottes Geist und seinem besonderen Schutz ausgerüstet wurden. So verstehen wir, warum die Juden jenen Mann, den die Propheten als Retter Israels angekündigt hatten, den Messias nannten, denn Messias heißt „der Gesalbte". Und das griechische Wort Christus ist nur die Übersetzung des hebräischen Messias: der Gesalbte. In der frühen Kirche übernahmen schon die Apostel diese Symbolhandlung für die Sakramentenspendung. Unsere Salbung bei Taufe und Firmung wollte also sagen: Du wirst von Gott ermächtigt, ihm zu dienen. Damit du das schaffst, verleiht er dir Kraft und seinen Heiligen Geist. Von nun an wirst du unter seinem Schutz stehen. Er hat dich zu seinem Zeugen in der Welt erwählt. – Solche Ehre hat Gott uns erwiesen. Werden wir ihr gerecht?

Stille für persönliches Beten.
Evtl. können Gebetsrufe auch ausgesprochen werden.

Lied Der Geist des Herrn erfüllt das All (GL 249,1–2.4)

„Ich bin das Licht der Welt“

Handlung Vorne wird für alle sichtbar die Osterkerze entzündet.

Kurze Stille zur Sammlung und zum Betrachten der brennenden Kerze, evtl. mit Musik untermalt.

Lied Du schönstes Licht (GL 557,1–3) *oder*
Ich bin das Licht der Welt (s. Anhang S. 111; *zwei- oder dreimal gesungen*)

Schriftlesung Als Jesus wieder zu den Pharisäern redete, sagte er: Ich bin das Licht der Welt. Wer mir nachfolgt, wird nicht in der Finsternis umhergehen, sondern wird das Licht des Lebens haben. *(Joh 8,12)*

Ausdeutung Das Wort „Ich bin das Licht der Welt“ setzt voraus, dass die Welt ohne Christus eine finstere Welt ist, dass Leben ohne Christus Leben im Dunkeln ist. Im Dunkeln sein kann bedeuten:
- keinen Weg und kein Ziel sehen
- keine Orientierung finden
- Gut und Böse, Recht und Unrecht nicht unterscheiden können
- keinen Sinn erkennen
- einsam sein, frieren
- keine Hoffnung haben
- dem Tod ausgeliefert sein

Denn Licht erst bringt Leben hervor, gibt Orientierung, lässt Weg und Ziel erkennen. Das alles ist Christus für uns. Er erhellt die Augen unseres Geistes, macht Hoffnung und Mut, zeigt Sinn auf, lehrt uns Gut und Böse, Recht und Unrecht zu unterscheiden, schließt uns auf für die Gemeinschaft – mit Menschen und mit Gott.

Stille zum Nachdenken

Wechselgebet Auf, werde licht, denn es kommt dein Licht,
und die Herrlichkeit des Herrn leuchtet auf über dir.
Denn siehe, Finsternis bedeckt die Erde
und Dunkel die Völker,
doch über dir geht leuchtend auf der Herr,
seine Herrlichkeit erscheint über dir.
Völker wandern zu deinem Licht
und Könige zu deinem strahlenden Glanz.
Blick auf und schau umher:
Sie alle versammeln sich und kommen zu dir.
Deine Söhne kommen von fern,
deine Töchter trägt man auf den Armen herbei.
(Jes 60,1–4)
Den Redlichen erstrahlt im Finstern ein Licht:
der Gnädige, Barmherzige und Gerechte. *(Ps 112,4)*
Ein Licht erstrahlt den Gerechten
und Freude den Menschen mit redlichem Herzen.
Ihr Gerechten, freut euch am Herrn
und lobt seinen heiligen Namen. *(Ps 97,11–12)*

Alle Lichtquellen außer der Osterkerze werden gelöscht bzw. ausgeschaltet.

Meditation „Das wahre Licht, das jeden Menschen erleuchtet,
kam in die Welt.“ *(Joh 1,9)*
So schreibt Johannes im Prolog seines Evangeliums.
Licht für die Welt ist Jesu Wort,
denn es ist nicht Menschenweisheit,
sondern Gottes Weisheit,
nicht von einem Menschen ausgedacht,
sondern göttliche Wahrheit.
Licht für die Welt ist seine Lehre,
wer sie annimmt und befolgt,
tappt nicht im Dunkel,
sondern hat das Licht des Lebens.
Wer sie annimmt und befolgt,
hat menschlichen Irrtum verlassen
und lebt im Lichte Gottes.
Licht für die Welt ist sein Leben,
denn er ist ans Ziel gekommen:

auferstanden vom Tode,
zurückgekehrt zum Vater.
Wer ihm nachfolgt,
ist auf dem Weg zum Ziel,
auf dem Weg zu Gott.
Dieser sein Weg war:
Liebend und vergebend
für die Menschen da sein,
in Liebe und Gehorsam
mit dem Vater verbunden sein.
Klug und weise ist,
wer in seinem Lichte lebt und ihm nachfolgt.

Stille für persönliches Nachdenken und Beten. Evtl. können dann Gebetsworte laut ausgesprochen werden.

Lied Du bist das Licht (s. Anhang S. 107)

„Ihr seid das Licht der Welt“

Handlung Auf oder vor dem Altar oder an zentraler Stelle in einem anderen Raum wird eine große Kerze aufgestellt und angezündet.

Kurze Stille zur Sammlung und zum Betrachten der brennenden Kerze, evtl. mit Musik untermalt.

Lied Ihr seid das Licht der Welt (s. Anhang S. 113)

Schriftlesung Ihr seid das Licht der Welt. Eine Stadt, die auf dem Berg liegt, kann nicht verborgen bleiben. Man zündet auch nicht ein Licht an und stülpt ein Gefäß darüber, sondern man stellt es auf den Leuchter; dann leuchtet es allen im Haus. So soll euer Licht vor den Menschen leuchten, damit sie eure guten Werke sehen und euren Vater im Himmel preisen. *(Mt 5,14–16)*:

Ausdeutung Jesus sagt von sich: „Ich bin das Licht der Welt“ *(Joh 8,12)*. In der Bergpredigt sagt er zu den Jüngern: „Ihr seid das Licht der Welt.“ Er sagt es nicht als Auftrag: Ihr sollt das Licht der Welt sein! Er sagt es als Feststellung: Ihr seid das Licht der Welt. Seine Jünger sind es – damals wie heute –, weil sie den Herrn in sich tragen. Er lebt in ihnen durch seinen Geist, durch sein Wort, durch die Sakramente. In ihrer Gesinnung ist der Herr in ihnen lebendig. So kann Paulus sagen: „Nicht mehr ich lebe, sondern Christus lebt in mir“ *(Gal 2,20)*.
Kommt da nicht ganz heimlich die Frage in uns auf, ob wir wirklich seine Jünger sind?

Kurze Stille zur Besinnung

Gemeinderufe *(vorher Rollen verteilen!)*

Licht leuchtet in der Finsternis.
Licht erhellt den Raum.
Licht erleuchtet das Leben.
Licht spendet Leben.
Licht erleuchtet das Herz.
Licht erwärmt das Herz.
Licht schenkt Geborgenheit.
Licht schenkt Hoffnung.
Licht vertreibt die Angst.
Licht macht Mut.
Licht zeigt den Weg.
Licht führt ans Ziel.
Ein Licht kann verlöschen.
Gott löscht den glimmenden Docht nicht aus.
(vgl. Jes 42,3; Mt 12,20)

Alle Lichter außer der einen Kerze werden gelöscht oder ausgeschaltet.

Meditation

Wie Jesus ein Hoffnungszeichen für die Welt war,
sind es nun seine Jünger.
Wie er den Menschen Wegweiser war,
sind wir es nun.
Wie er uns aufrichtet und stärkt,
tröstet und heilt,
tun wir es für die andern,
weil wir seine Jünger sind.
Als Christen können wir den Menschen
nicht verborgen bleiben,
wir fallen auf, wo wir sind.
Wie eine Stadt auf einem Berg nicht
übersehen werden kann,
sind wir als Jünger Jesu nicht zu übersehen,
da wir nicht der Welt angepasst leben,
sondern durch unsere Lebensart
als Jünger Jesu erkennbar sind,
da wir nicht untertauchen,
sondern mitten in der Welt
für die Menschen da sind.

Jünger Jesu besitzen
Leuchtkraft in der Finsternis,
strahlen Wärme aus,
wo die Welt friert.
Die Gemeinde Jesu spendet Geborgenheit
gegen die Einsamkeit,
erweckt Leben,
wo der Tod lauert.

Als Jünger Jesu wissen wir,
dass wir nicht unser Licht leuchten lassen,
sondern das Licht des Herrn.
Nicht wir wollen groß herauskommen,
sondern alle sollen den Vater im Himmel preisen,
der das Licht in uns angezündet hat,
es erhält und leuchten lässt.

Stille zum persönlichen Nachdenken und Beten.
Evtl. können Gebetssätze auch laut gesprochen werden.

Lied Wohl denen, die da wandeln (GL 614)

„Ich bin das Brot des Lebens“

Handlung Vorne, z. B. auf dem Altar (oder in der Mitte eines Kreises), wird für alle sichtbar ein großer Brotlaib deponiert. Eine Scheibe wird abgeschnitten und auf den Laib gelegt.

Kurze Stille zur Sammlung und zum Betrachten des Brotes, evtl. mit Musik untermalt.

Lied Du bist das Brot (s. Anhang S. 106)

Schriftlesung Jesus sagte zu den Leuten: Amen, amen, ich sage euch: Nicht Mose hat euch das Brot vom Himmel gegeben, sondern mein Vater gibt euch das wahre Brot vom Himmel. Denn das Brot, das Gott gibt, kommt vom Himmel herab und gibt der Welt das Leben. Da baten sie ihn: Herr, gib uns immer dieses Brot! Jesus antwortete ihnen: Ich bin das Brot des Lebens; wer zu mir kommt, wird nie mehr hungern, und wer an mich glaubt, wird nie mehr Durst haben. *(Joh 6,32–35)*

Wechselgebet In ihrem Herzen versuchten sie Gott,
forderten Nahrung für ihren Hunger.
  Sie redeten gegen Gott; sie fragten:
  „Kann uns denn Gott den Tisch decken
  in der Wüste?“
Zwar hat er an den Felsen geschlagen,
so dass Wasser floss und Bäche strömten.
  Kann er uns auch Brot verschaffen
  und sein Volk mit Fleisch versorgen?
Er ließ Manna auf sie regnen als Speise,
er gab ihnen Brot vom Himmel.
  Da aßen die Menschen Wunderbrot;
  Gott gab ihnen Nahrung in Fülle.

Er ließ den Ostwind losbrechen droben am Himmel,
führte in seiner Macht den Südwind herbei,
  ließ Fleisch auf sie regnen wie Staub,
  gefiederte Vögel wie Sand am Meer.
Er ließ sie mitten ins Lager fallen,
rings um Israels Zelte.
  Da aßen alle und wurden satt;
  er hatte ihnen gebracht, was sie begehrten.
  (Ps 78,18–20.24–29)

Meditation

Brot ist Speise,
nährt den Leib, solange er lebt.
Tote essen nicht mehr. –
Jesus ist nicht Brot des Leibes,
sondern des Lebens.
Wer ihn in sich aufnimmt,
nährt nicht den Leib,
sondern das Leben selbst.
Unsterblich sein und ewig leben –
Sehnsucht der Menschen von Anfang an.
Jesus kennt diese Sehnsucht
und erklärt sie für realistisch.
Sie ist nicht nur
ein utopischer Wunsch der Menschen.
Diese Sehnsucht hat der Schöpfer
selbst im Menschen geweckt –
und er kann sie erfüllen.
Darauf zielt Jesus ab.
Nicht schon dieses Leben,
und nicht nur dieses Leben ist alles:
Für das Leben,
das den Tod nicht kennt,
ist der Mensch geschaffen.
Dieses Leben zu schenken,
ist der Herr gekommen,
dafür geht er ans Kreuz.
„Ich bin das lebendige Brot,
das vom Himmel herabgekommen ist.
Wer von diesem Brot isst,
wird in Ewigkeit leben.

Das Brot, das ich geben werde,
ist mein Fleisch für das Leben der Welt“ *(Joh 6,51)*.
Mit diesem Brot, das er selber ist,
nährt uns der Herr in der Eucharistie,
denn er will, dass wir leben,
nicht nur hier und heute leben,
sondern auf ewig leben bei ihm.
In diesem Brot ist er selbst
die Kraft unseres Lebens,
ist er unsere Zukunft.
In diesem Brote
beten wir ihn an.

Stille zum persönlichen Nachdenken und Beten
Evtl. können Gebetssätze auch laut gesprochen werden.

Lied Mein schönste Zier (GL 559,1–2)

„Ihr seid das Salz der Erde“

Handlung Vor aller Augen wird eine Packung Salz langsam in eine breite Schale geschüttet.
Evtl. kann man die Schale herumreichen und jeden kosten lassen.

Kurze Stille zur Sammlung und zum Betrachten und Schmecken des Salzes, evtl. mit Musik untermalt.

Lied Ihr seid das Salz der Erde (s. Anhang S. 114)

Schriftlesung Ihr seid das Salz der Erde. Wenn das Salz seinen Geschmack verliert, womit kann man es wieder salzig machen? Es taugt zu nichts mehr; es wird weggeworfen und von den Leuten zertreten. *(Mt 5,13)*

Ausdeutung Das Gewürz im Essen – wer möchte es vermissen? Salz gibt den Speisen Würze. Fehlt das Salz in der Suppe, schmeckt sie fad und leer. Mit dem Salz vergleicht uns der Herr. Wo Christen wirklich Christen sind, wirken sie wie Würze unter den Menschen. Ohne sie wäre die Menschheit lau und fade, langweilig, ungenießbar.

Wechselgespräch

Jeder wird mit Feuer gesalzen werden.
  Das Salz ist etwas Gutes.
Wenn das Salz die Kraft zum Salzen verliert,
womit wollt ihr ihm seine Würze wiedergeben?
  Habt Salz in euch
  und haltet Frieden untereinander! *(Mk 9,49–50)*
Eure Worte seien immer freundlich,
doch mit Salz gewürzt,
  denn ihr müsst jedem
  in der rechten Weise antworten können. *(Kol 4,6)*

Meditation

Das weiße Gold hat man es genannt,
aus dem Inneren der Berge geholt
oder aus dem Meerwasser gewonnen,
über weite Wege transportiert.
In einigen Ländern war der Handel damit
Staatsmonopol.
Salz, das Gewürz,
das man nicht aus Übersee holen musste,
war kostbar, so kostbar,
dass Schmugglerbanden
damit Handel trieben.
Für uns ist das Salz selbstverständlich,
ein Gewürz neben vielen anderen.
Fade schmecken die Speisen ohne Salz.

Doch ich habe gehört,
auch ich wäre Salz.
„Ihr seid das Salz der Erde“,
hat Jesus zu seinen Jüngern gesagt.
Nicht: Ihr sollt Salz der Erde sein,
sondern: „Ihr seid ...“ – als Tatsache.
Wie sieht das aus bei uns Christen,
bei mir persönlich?
Verleihe ich der Erde
Würze, Geschmack?
Das wäre der Fall,
wenn das Leben für andere erfreulicher,
lebenswerter würde durch mich.
Wenn von mir etwas ausginge,
was anderen Lust und Freude am Leben macht,
was ihnen Ziel und Aufgabe zeigte.

Will man Fleisch haltbar machen,
setzt man ihm Salz zu.
Salz schützt vor Verwesung.
Christen als Salz der Erde?
Die Menschheit vor Verwesung bewahren?
Verwesen bedeutet, sein Wesen verlieren.
Ohne Christen würde die Menschheit
ihr Wesen verlieren.

Der Mensch würde vergessen,
was er wesentlich ist:
Geschöpf und Abbild Gottes.
Er wäre in Gefahr,
sich in Selbstherrlichkeit zu gefallen
und sich von Gott zu lösen.
In der Gottebenbildlichkeit
gründet die Würde des Menschen,
jedes Einzelnen.
Darum schützt sie vor Versklavung des Nächsten,
aber auch vor Vergötzung des Menschen,
denn er ist nur Abbild, nicht selbst Gott.

Für Menschen, die an Erkrankungen
der Atemwege leiden,
hat man Solbäder eingerichtet.
Sie unterziehen sich Kuren in salzhaltiger Luft,
atmen das Salz in sich hinein
und spüren allmählich Besserung.
Das Salz ist wahrhaft ein Segen.
Freilich muss sich das Salz auflösen,
um mit der Luft eingeatmet zu werden.
So könnten wohl auch wir heilsam werden für viele,
wenn die Luft um uns herum,
das Milieu, in dem wir verkehren,
geschwängert wäre mit christlichem Geist,
wenn der Geist Jesu Christi
durch uns Christen spürbar würde
für die Menschen,
die um uns sind.

Doch wenn wir so aufgehen
in der Welt um uns herum,
dass wir uns ihr angleichen,
dann werden wir schal.
Schales Salz aber taugt nicht mehr zum Würzen,
nicht mehr zum Haltbarmachen,
nicht mehr zum Heilen.
Schales Salz ist unbrauchbar.
Woher aber erhalten wir unsere Salzkraft?

Der Herr ist unsere Kraft.
Nur in Verbundenheit mit ihm
sind wir Salz der Erde.

Einmal habe ich beim Kochen nicht aufgepasst
und habe die Speise zweimal gesalzen.
Sie hat scheußlich geschmeckt, war ungenießbar.
Der Mensch verträgt nicht zuviel Salz,
es ist ja nur ein Gewürz,
aber nicht schon die Speise selbst.
So wirkt auch ein Christentum,
das penetrant und aufdringlich daherkommt,
weder würzend noch heilend,
sondern abstoßend.
Niemand erkennt mehr den Wert des Salzes,
wenn alles nur noch salzig schmeckt.

Stille zum persönlichen Nachdenken und Beten.
Evtl. können Gebetssätze auch laut gesprochen werden.

Lied Zieh an die Macht, du Arm des Herrn (GL 304)

Kelch

Handlung Vor die Gemeinde, z. B. auf den Altar, wird ein großer Kelch gestellt. Es muss kein Messkelch sein. Notfalls kann man auch einen großen Trinkbecher nehmen. Der Kelch (Becher) kann auch zum Betrachten und Befühlen herumgereicht werden.

Kurze Stille zur Sammlung und zum Betrachten des Kelches, evtl. mit Musik untermalt.

Lied Der Kelch des Segens (s. Anhang S. 104)

Sprecher *Zur Geschichte und zur Bedeutung des Kelches in der Antike*

Während Nomaden zum Trinken Schläuche, z. B. Milchschläuche *(Ri 4,19)*, verwendeten, benützten Bauern wie Vornehme einen Becher, zunächst aus Ton bzw. Keramik, später aus Stein, Metall oder Glas. Aus dem Becher entwickelte sich der Kelch, der meistens aus einem Fuß, dem Knauf und darüber dem eigentlichen Trinkbecher besteht. In der Bibel werden die Worte Becher und Kelch gleichbedeutend verwendet.

Der Becher bzw. Kelch hatte auch symbolische Bedeutung. Den Kelch bis zur Neige leeren bedeutete, äußerstes Unheil erdulden. Bei manchen Völkern des Altertums gab es den Todesbecher. Ein zum Tod Verurteilter erhielt einen mit Gift gefüllten Becher, aus dem er dann trinken musste. Der Kelch als Symbol für äußerstes Unheil bzw. Tod findet sich auch in den Evangelien.

Beim Letzten Abendmahl reicht Jesus den Jüngern den Kelch und fordert sie auf, daraus zu trinken, denn es ist der Kelch des neuen und ewigen Bundes, sein Blut, das für sie und die Vielen vergossen wird zur Vergebung der Sünden. Dann trägt er ihnen auf, dies weiterhin zum Gedächtnis an ihn zu tun. So hat sich unser heutiger Messkelch entwickelt. Er soll aus edlem Metall sein, der Becher muss mindestens innen vergoldet sein.

Biblisches Wechselgespräch

Raff dich auf, raff dich auf,
steh auf, Jerusalem!
  Du hast aus dem Becher des Zorns getrunken,
  den der Herr in der Hand hielt.
Du hast aus dem betäubenden Becher getrunken
und ihn geleert. *(Jes 51,17)*
  So spricht der Herr: Sogar jene, die es nicht
  verdient hätten, aus dem Becher zu trinken,
  müssen daraus trinken;
und da solltest du verschont bleiben?
Du bleibst nicht verschont, du musst trinken.
  Denn ich schwöre bei mir selbst –
  Spruch des Herrn:
Zu einem Bild des Entsetzens,
zur Öde und zum Fluch wird Bozra,
  und alle seine Nachbarstädte werden
  für immer zu Trümmerhaufen. *(Jer 49,12–13)*
Das tut man dir an,
weil du den Völkern so unzüchtig nachgelaufen bist
und dich mit ihren Götzen unrein gemacht hast.
  Auf dem Weg deiner Schwester bist du gegangen,
  darum gebe ich dir ihren Becher in die Hand.
So spricht Gott, der Herr:
Den Becher deiner Schwester sollst du leeren,
den tiefen und weiten, der viel fasst.
  Von Trunkenheit und Qual wirst du voll sein.
  Ein Becher des Grauens und des Schauderns
  ist der Becher deiner Schwester Samaria.
Du sollst ihn leer trinken, ja ausschlürfen,
du sollst seine Scherben zerbeißen
und dir die Brüste zerreißen.
  Denn ich habe gesprochen –
  Spruch Gottes, des Herrn. *(Ez 23,30–34)*

Ausdeutung

In der Nacht seiner Verhaftung betet Jesus im Garten Getsemani: „Mein Vater, wenn dieser Kelch nicht an mir vorübergehen kann, ohne dass ich ihn trinke, geschehe dein Wille.“ *(Mt 26,42)*
Hier ist der Kelch Symbol für seinen Tod am Kreuz, seinen Tod zu unserer Erlösung. Er nimmt ihn an, weil es der Wille des Vaters ist. Er nimmt ihn an, weil er uns liebt und uns für das ewige Leben retten will. In diesem Kelch, den er für uns trinkt, sind auch unsere eigenen Sünden. Ein bitterer Kelch, für uns aber Anlass zu unendlicher Dankbarkeit.
Dieselbe Bedeutung hat der Kelch, wenn Jesus zu Jakobus und Johannes sagt: „Ihr werdet den Kelch trinken, den ich trinke.“ *(Mk 10,39)* Dieses Wort ist eine Anspielung auf ihren Märtyrertod, in dem sich für sie die Nachfolge Jesu vollenden wird.

Stille zum persönlichen Nachdenken und Beten, evtl. mit Musik untermalt.
Evtl. können Gebetssätze auch laut gesprochen werden.

Lied

Wir danken dir (GL 178) *oder*
O hilf, Christe (GL 181)

Wein

Handlung Vor der Gemeinde wird aus einem Krug oder einer Flasche Wein in einen großen Kelch oder Becher geschüttet. Dann wird der Kelch herumgereicht, so dass jeder den Wein riechen und kosten kann. Schließlich wird der Kelch wieder vorne für alle sichtbar hingestellt.

Kurze Stille zur Sammlung und zum Betrachten des Kelches, evtl. mit Musik untermalt.

Lied Beim letzten Abendmahle (GL 537)

Sprecher *Wein als Getränk*

Allgemein gelten Brot und Wasser als Grundnahrungsmittel. Wein wird bei festlichen Anlässen gereicht. In südlichen Ländern, so auch im alten Israel, wird häufig bis heute mit Wasser verdünnter Wein als Getränk bei Tisch verwendet. Er wird aus den gekelterten und vergorenen Trauben des Weinstocks gewonnen. Mit Myrrhe bzw. Galle vermischter Wein wurde als Betäubungsgetränk angeboten; so auch bei der Kreuzigung Jesu. Bei der Feier der Eucharistie wird in der Ostkirche wegen der Symbolik Rotwein verwendet, in der westlichen Kirche wird Weißwein vorgezogen, um anzudeuten, dass die äußeren Zeichen auch nach der Wandlung bestehen bleiben.

Biblisches Wechselgespräch

Du lässt Gras wachsen für das Vieh,
auch Pflanzen für den Menschen, die er anbaut,
damit er Brot gewinnt von der Erde und Wein,
der das Herz des Menschen erfreut. *(Ps 104,14–15a)*
Könige sollen sich nicht mit Wein betrinken,
Fürsten nicht berauschenden Trank begehren.

Er könnte beim Trinken seine Pflicht vergessen
und das Recht aller Notleidenden verdrehen.
Gebt berauschenden Trank dem,
der zusammenbricht,
und Wein denen,
die im Herzen verbittert sind.
Ein solcher möge trinken und seine Armut vergessen
und nicht mehr an seine Mühsal denken. *(Spr 31,3–7)*
Beim Wein spiele nicht den starken Mann!
Schon viele hat der Rebensaft zu Fall gebracht.
Wie der Ofen das Werk des Schmiedes prüft,
so ist der Wein eine Probe für die Zuchtlosen.
Wie ein Lebenswasser ist der Wein für den Menschen,
wenn er ihn mäßig trinkt.
Was ist das für ein Leben, wenn man keinen
Wein hat, der doch von Anfang an zur Freude
geschaffen wurde?
Frohsinn, Wonne und Lust bringt Wein,
zur rechten Zeit und genügsam getrunken.
Kopfweh, Hohn und Schimpf bringt Wein,
getrunken in Erregung und Zorn.
Zu viel Wein ist eine Falle für den Toren,
er schwächt die Kraft und schlägt viele Wunden.
(Sir 31,25–30)

Schriftlesung Dann nahm Jesus den Kelch, sprach das Dankgebet, reichte ihn den Jüngern, und sie alle tranken daraus. Und er sagte zu ihnen: Das ist mein Blut, das Blut des Bundes, das für die Vielen vergossen wird. *(Mk 14,23–24)*

Meditation Das Blut des Herrn als Trank für uns.
Blut gilt als „Stoff des Lebens".
In unserem Körper fließt es
und erhält ihn am Leben.

Wenn der Herr uns sein Blut zu trinken reicht,
heißt das: Er schenkt uns Leben,
Leben für den ganzen Menschen,
Anteil an seinem Leben.

Sein Leben ist ewiges Leben.
Der Kelch seines Blutes in der Eucharistie
gibt uns Anteil am Leben Christi,
ewiges Leben,
Leben in Fülle.

Solches Leben ist uns unmöglich
aus uns selbst.
Es ist Geschenk dessen,
der uns als sein Abbild geschaffen hat.

Doch dann stand die Sünde
zwischen uns und ihm,
unser Wunsch, zu sein wie Gott,
unser eigener Herr zu sein,
der nicht auf einen anderen Herrn hören will.
So stand die Sünde zwischen uns
und unserem eigenen Leben,
wir hatten uns selbst dem Tod geweiht.

Doch Gott will, dass wir leben.
Darum gab der Herr sich für uns in den Tod
und vergoss sein Blut für uns,
gab es hin zur Vergebung unserer Sünden.

Stille zum persönlichen Nachdenken und Beten, evtl. mit Musik untermalt.
Evtl. können Gebetssätze auch laut gesprochen werden.

Lied Der Herr reicht uns den Kelch des Lebens
(s. Anhang S. 103)

Stein

Handlung Vor die Gemeinde legt man, für alle gut sichtbar, zwei größere Steine, einen runden bzw. ovalen und einen kantigen. Notfalls kann man auch nur einen Stein verwenden.

Kurze Stille zur Sammlung und zum Betrachten der Steine (des Steines), evtl. mit Musik untermalt.

Lied Ins Wasser fällt ein Stein (Liederbücher – 1. Strophe)

Meditation *1. Teil*
im Wechselgespräch mehrerer Personen. Jeder Absatz wird von einer anderen Person gesprochen:

Der Stein hat etwas Schönes an sich.
Vor langer Zeit aus dem Bergfels gelöst,
von Wassermassen zu Tal befördert,
durch millionenfache Reibungen abgerundet,
liegt er nun vor mir.
Die Natur hat ihn geformt und gefärbt.
Ich freue mich an ihm.
Ich nehme ihn in die Hand
und umschließe ihn.
Ich spüre seine Rundung, seine Wölbung,
er schmiegt sich in meine Hand.
Der Stein daneben ist noch kantig und scharf,
er schmiegt sich nicht in meine Hand,
er drückt mit seinen Ecken und Kanten.
Er wurde noch nicht hinreichend gerieben.
Aber auch er hat seine Schönheit.
Beiden Steinen gemeinsam ist die Härte.
Sie widerstehen dem Druck meiner Hand,
lassen sich nicht verformen.

Auch ich habe meine Kanten und Ecken.
Ich übe Gegendruck aus,
wo man mich glätten will,
wo man mich anpassen will.
Und ist das nicht gut?
Was wäre ich für ein Mensch,
ließe ich mich verformen nach dem Willen
der anderen?
Ich hätte kein eigenes Profil,
ich wäre nicht ich.
Oft ist es wichtig, hart zu sein,
Widerstand zu leisten.

Doch manchmal sind sie verschwunden,
meine Ecken und Kanten,
da gleiche ich dem abgerundeten Stein,
bin glatt und lasse mich umschließen,
ohne Widerstand zu leisten.
Ich fühle mich sogar wohl dabei,
wenn ich spüre,
dass man mich nicht verformen will,
sondern mich lässt, wie ich bin,
weil man mich annimmt und mag.
Es kommt oft nur drauf an,
wie man umgeht mit mir.

Mit Steinen kann man auch werfen.
Man kann Mitmenschen steinigen.
Dazu braucht es keine Hände,
dazu genügt der Mund.
Worte können steinigen:
Worte, die treffen,
Worte, die wehtun,
Worte, die beleidigen.
Auch Worte,
zu Dritten gesprochen,
können steinigen:
Worte, die verleumden,
Worte, die zu Gerüchten werden.
Aber auch die Augen können steinigen:

Blicke, aus denen Verachtung spricht,
Augen, die am anderen vorbeisehen,
die ihn absichtlich übersehen.
Wie viele werden täglich gesteinigt?

Wir müssen andere gar nicht steinigen,
wir können ihnen einfach
Steine in den Weg legen,
damit sie darüber stolpern:
dem Konkurrenten im Beruf,
dem Mitschüler,
dem Rivalen um einen begehrten Posten.
Und dann lachen wir uns ins Fäustchen,
wenn der andere gestolpert ist.
Sind wir wirklich so hinterhältig und verdorben,
oder ist es nur unsere Phantasie?

Aus Steinen kann man etwas bauen,
Häuser und Wohnungen
für Menschen und Tiere.
Man kann Kirchen und Dome
bauen aus Steinen.
Mit Steinen kann man
schlammige Wege befestigen,
Wege zueinander bauen,
die Menschen verbinden.

Mit Steinen kann man viel Gutes tun,
es liegt nur an uns,
wozu wir sie benutzen.
Auch unsere Worte und Augen
können wie Steine
anderen Heimat schenken
und sichere Wege bahnen.

Lied Ins Wasser fällt ein Stein, 1. Strophe

Schriftlesung So spricht Gott, der Herr: Ich schenke ihnen ein neues Herz und schenke ihnen einen neuen Geist. Ich nehme das Herz von Stein aus ihrer Brust und gebe ihnen ein Herz von Fleisch, damit sie nach meinen Geboten leben und auf meine Vorschriften achten und sie erfüllen. Die aber, deren Herz an ihren Götzen und an ihren Gräueltaten hängt – Spruch Gottes, des Herrn: Ihr Verhalten lasse ich auf sie selbst zurückfallen.
So spricht Gott, der Herr: Ich schenke euch ein neues Herz und lege einen neuen Geist in euch. Ich nehme das Herz von Stein aus eurer Brust und gebe euch ein Herz von Fleisch. Ich lege meinen Geist in euch und bewirke, dass ihr meinen Gesetzen folgt und auf meine Gebote achtet und sie erfüllt. Ihr werdet mein Volk sein und ich werde euer Gott sein. *(Ez 11,19–21; 36,26–27.28b*

Meditation *2. Teil*
Ja, es gibt auch das Herz aus Stein.
Der Prophet Ezechiel hat davon gesprochen.
Es ist das harte Herz.
Es kennt kein Erbarmen,
es kennt kein Mitleiden,
kein Mitfühlen,
ist durch nichts zu erweichen.

Das Herz kann hart sein gegen sich selbst,
kennt keine Nachsicht mit sich selbst,
keine Liebe zu sich selbst.
„Wenn das Herz uns auch verurteilt –
Gott ist größer als unser Herz.“ *(1 Joh 3,20*)

Das Herz kann hart sein gegen den Nächsten,
übt keine Nachsicht mit ihm,
schließt sich ab gegen ihn,
stellt nur Forderungen an ihn.

Das Herz kann hart sein auch gegen Gott,
hat keine Liebe zu ihm,
ist verstockt gegen ihn,
stellt höchstens Forderungen an ihn.

„Du sollst den Herrn, deinen Gott, lieben mit ganzem Herzen ...
Du sollst deinen Nächsten lieben wie dich selbst.“
(Mk 12,30–31)

Stille zum persönlichen Nachdenken und Beten, evtl. mit Musik untermalt.
Evtl. können Gebetssätze auch laut gesprochen werden.

Lied Gott, reiß uns aus das Herz von Stein
(s. Anhang S. 110)

Zeit

Handlung Vor der Gemeinde wird eine Uhr aufgestellt, die so groß ist, dass Zifferblatt und Zeiger für alle gut sichtbar sind.

Kurze Stille zur Sammlung, zum Betrachten der Uhr und zum Hören ihres Tickens, evtl. mit Musik untermalt.

Lied Wohl denen, die da wandeln (GL 614)

Biblisches Wechselgespräch

Alles hat seine Stunde.
Für jedes Geschehen unter dem Himmel
gibt es eine bestimmte Zeit:
  eine Zeit zum Gebären
  und eine Zeit zum Sterben,
eine Zeit zum Pflanzen
und eine Zeit zum Abernten der Pflanzen,
  eine Zeit zum Töten
  und eine Zeit zum Heilen,
eine Zeit zum Niederreißen
und eine Zeit zum Bauen,
  eine Zeit zum Weinen, eine Zeit für die Klage
  und eine Zeit für den Tanz;
eine Zeit zum Steine werfen
und eine Zeit zum Steine sammeln,
  eine Zeit zum Umarmen
  und eine Zeit, die Umarmung zu lösen,
eine Zeit zum Suchen
und eine Zeit zum Verlieren,
  eine Zeit zum Behalten
  und eine Zeit zum Wegwerfen,
eine Zeit zum Zerreißen
und eine Zeit zum Zusammennähen,

eine Zeit zum Schweigen
und eine Zeit zum Reden,
eine Zeit zum Lieben
und eine Zeit zum Hassen,
eine Zeit für den Krieg
und eine Zeit für den Frieden. *(Koh 3,1–8)*

Meditation

Das Zifferblatt der Uhr
mit der Einteilung in zwölf Stunden
bleibt fest und starr.
Aber die Zeiger verändern ihre Position.
Vor allem der Sekundenzeiger
eilt unaufhaltsam dahin.
Eigentlich ist schon sein kurzes Stocken
nach jeder Sekunde eine Lüge,
denn die Zeit hält niemals an,
pausenlos schreitet sie fort.
Was in einem Augenblick ist,
ist im nächsten schon Vergangenheit.

Alles vergeht,
aber nicht die Erinnerung.
In ihr sind die Erfahrungen,
und mit ihnen die Zeit,
aufbewahrt.
Gute und schlechte Erfahrungen,
Erinnerungen, Zeiten.
Aus den Erfahrungen kann ich lernen.
Welche Worte, welche Verhaltensweisen
haben zu guten Erfahrungen geführt,
welche zu unerfreulichen?
Aus Erfahrung wird man klug.

Doch abgelaufene, vergangene Zeit
kann ich nicht zurückholen.
Vorbei ist vorbei!

Wie gehe ich mit meiner Zeit um?
Versäume ich die Zeit
oder nutze ich sie?

Vergeude ich sie
oder genieße ich sie?

Die Zeit vergeht,
weil sie an die Materie gebunden ist.
Ohne Materie keine Zeit.
Darum spricht die Theologie von Ewigkeit,
wenn sie von Gott
und von Gottes Wirklichkeit redet.
Darum kann die Bibel sagen,
Beim Herrn ist ein Tag wie tausend Jahre
und tausend Jahre sind wie ein Tag. *(Vgl. 2 Petr 3,8)*

Wenn unsere Zeit abgelaufen ist,
will uns Gott beschenken mit der Ewigkeit.
Dann gibt es kein Leid, keine Trauer,
keinen Misserfolg mehr,
nur noch Liebe, Freude und Glück.

Schriftlesung

Nachdem man Johannes ins Gefängnis geworfen hatte, ging Jesus wieder nach Galiläa; er verkündete das Evangelium Gottes und sprach: Die Zeit ist erfüllt, das Reich Gottes ist nahe. Kehrt um und glaubt an das Evangelium!
Als Jesus am See von Galiläa entlangging, sah er Simon und Andreas, den Bruder des Simon, die auf dem See ihr Netz auswarfen; sie waren nämlich Fischer. Da sagte er zu ihnen: Kommt her, folgt mir nach! Ich werde euch zu Menschenfischern machen. Sogleich ließen sie ihre Netze liegen und folgten ihm. Als er ein Stück weiterging, sah er Jakobus, den Sohn des Zebedäus, und seinen Bruder Johannes; sie waren im Boot und richteten ihre Netze her. Sofort rief er sie, und sie ließen ihren Vater Zebedäus mit seinen Tagelöhnern im Boot zurück und folgten Jesus nach.
(Mk 1,14–20)

Ausdeutung

Wenn Gott in Jesus als Mensch auf Erden lebt, ist die Zeit erfüllt, die Zeit des Wartens, die Zeit der Hoffnung, die Zeit der Unsicherheit, die Zeit des Bangens. Jetzt ist es so weit: Das Reich Gottes ist nahe. Damit beginnt eine neue Zeit, die Zeit der Erfüllung, der Erfüllung aller Verheißung: Zeit der Barmherzigkeit, der Vergebung, der Liebe, des Lebens, ewigen Lebens für uns. Im Handeln Jesu an den Menschen und in seiner Verkündigung wird es uns bewusst.

Voraussetzung dafür sind Umkehr und Glaube. Wenn wir uns abwenden von altem, verkehrtem Tun und uns glaubend und vertrauend auf Christus einlassen, werden wir neu. Ein neuer Geist erfüllt uns und treibt uns an: der Geist des Herrn.

Die ersten Jünger haben es verstanden und getan. Sie ließen sich von ihm rufen und sind ihm gefolgt. Und er gab ihnen eine neue Aufgabe, die ihrem Leben Sinn gab und es erfüllte: Menschen für Christus gewinnen.

So würden auch wir unsere Zeit sinnvoll leben: glauben, umkehren, uns von seinem Geist erfüllen lassen und in seiner Nachfolge Sinn erfahren, Lebensaufgabe entdecken.

Stille zum persönlichen Nachdenken und Beten, evtl. mit Musik untermalt.
Evtl. können Gebetssätze auch laut gesprochen werden.

Lied

Hilf, Herr meines Lebens (GL 622)

Stundenglas (Sanduhr)

Handlung Vor der Gemeinde wird, für alle gut sichtbar, eine große Sanduhr aufgestellt. Sobald der Sand durchgelaufen ist, wird sie umgedreht. Das kann man ein- bis zweimal wiederholen. Währenddessen:

Kurze Stille zur Sammlung und zum Betrachten der Sanduhr, evtl. mit Musik untermalt.

Lied Ach wie flüchtig, ach wie nichtig (GL 657,1–2)

Wechselrufe Zeit vergeht.
Die Zeit steht still.
Die Zeit fließt dahin.
Ich habe keine Zeit.

zeitlos glücklich sein
eine Zeitspanne
die Zeit verstreichen lassen
die Zeit nützen

Freizeit
Schulzeit
Essenszeit
Arbeitszeit
Lebenszeit
Todeszeit
ENDZEIT
EWIGKEIT

Meditation *1. Teil*

Zwei birnenförmige Gläser
gegeneinander gestellt,
an ihren offenen Spitzen miteinander verbunden.
Das obere Glas, mit Sand gefüllt,
entleert sich,
während der Sand in das untere fließt.
Dreht man die Sanduhr um,
so beginnt das Spiel von Neuem.
In dem Maß, in dem sich das eine Glas leert,
füllt sich das andere.

Dabei wird mir bewusst,
wie die Zeit vergeht,
denn mit dem Sand fließt die Zeit.
Für alles gibt es eine Zeit,
für das Glück und für das Leid,
für die Freude und für die Trauer,
für Erfolg und für Misserfolg.
Wie ich die Zeit nicht festhalten kann,
so auch nicht die Erfahrungen des Lebens,
weder erfreuliche noch betrübliche.
Alles vergeht.
Was bleibt, ist Erinnerung.

Schriftlesung Als Jesus den Tempel verlassen hatte, sagte er zu seinen Jüngern:
Bedenkt: Wenn der Herr des Hauses wüsste, zu welcher Stunde in der Nacht der Dieb kommt, würde er wach bleiben und nicht zulassen, dass man in sein Haus einbricht. Darum haltet auch ihr euch bereit! Denn der Menschensohn kommt zu einer Stunde, in der ihr es nicht vermutet. *(Mt 24,(1).43–44)*

Meditation *2. Teil*

In den Totentanzdarstellungen
der Renaissance- und Barockzeit
hat man dem Tod eine Sanduhr in die Hand gegeben
und sie Stundenglas genannt.
Ist das untere Glas voll, so heißt das:

Deine Lebenszeit ist abgelaufen.
Dann erhält die Frage besonderes Gewicht:
Was habe ich mit meiner Zeit getan,
wie und wozu habe ich sie verwendet,
genützt oder vertan?
„Haltet euch bereit!
Denn der Menschensohn kommt zu einer Stunde,
in der ihr es nicht vermutet.“ *(Mt 24,42)*
Dieses Wort mahnt uns,
zu jeder Zeit, in jeder Stunde bereit zu sein,
dem richtenden Herrn gegenüber zu stehen.
Wir kennen die Stunde unseres Todes nicht,
jede Stunde kann es sein.
Doch wenn sie da ist,
sollen wir bereit sein,
bereit für den Herrn.
Es ist die entscheidende Stunde unseres Lebens.

Schriftlesung Zu den Gerichtsdienern des Hohen Rates sagte Jesus: Ich bin nur noch kurze Zeit bei euch; dann gehe ich fort zu dem, der mich gesandt hat. Ihr werdet mich suchen, und ihr werdet mich nicht finden; denn wohin ich gehe, dorthin könnt ihr nicht gelangen.
Zu den Jüngern sagte Jesus:
Euer Herz lasse sich nicht verwirren. Glaubt an Gott und glaubt an mich! Im Haus meines Vaters gibt es viele Wohnungen. Wenn es nicht so wäre, hätte ich euch dann gesagt: Ich gehe, um einen Platz für euch vorzubereiten? Wenn ich gegangen bin und einen Platz für euch vorbereitet habe, komme ich wieder und werde euch zu mir holen, damit auch ihr dort seid, wo ich bin.“ *(Joh 7,33–34; 14,2–3)*

Meditation *3. Teil*
Uns muss vor dem Stundenglas und vor dem,
der es hält, dem Tod,
nicht grauen.
Wenn unsere Zeit abgelaufen ist,
will uns Gott beschenken mit der Ewigkeit.

Dann gibt es kein Leid, keine Trauer,
keinen Misserfolg mehr,
nur noch Liebe, Freude und Glück
für alle, die auf Christus vertraut haben
und mit ihm zu leben bemüht waren.

Stille zum persönlichen Nachdenken und Beten, evtl. mit Musik untermalt.
Evtl. können Gebetssätze auch laut gesprochen werden.

Lied Christus, der ist mein Leben (GL 662,1.7)

Fels und Sand

Handlung Vor der Gemeinde wird ein großer kantiger Stein bzw. Felsbrocken niedergelegt; daneben steht eine Schüssel aus Glas oder durchsichtigem Kunststoff, in die lockerer Sand geschüttet wird. Die Schüssel kann herumgereicht werden, damit jeder den Sand durch seine Finger gleiten lassen kann.

Kurze Stille zur Sammlung und zum Betrachten von Felsbrocken und Sand, evtl. mit Musik untermalt.

Lied Auf dich allein ich baue (GL 293)

Wechselgespräch

Aus dem Fels herausgesprengt ist der Stein,
  fein zerrieben ist der Sand.
Wasser und Frost sprengen den Fels
oder aber der Mensch.
  Über Jahrtausende von Wasser und Reibung
  zermahlen, wird er zu Sand –
  oder von Menschen zerrieben.
Gleichen Ursprungs sind Fels und Sand,
  und doch so verschieden.
Hart ist der Fels und kompakt,
  körnig und weich der Sand.
Trotzig und fest steht der Fels im Bergbach,
  der Sand aber wird fortgespült.
Steil und zerklüftet ragt der Fels aus dem Meer,
  im Sand spielen Menschen am Ufer.
Die nächste Flut
wird die kunstvolle Sandburg zerstören,
  der Fels allein bleibt bestehen.
Den Sand nimmt der Wind mit sich
und häuft ihn zu Dünen,
  der Fels bleibt stehen, als hätte er Wurzeln.

Mächtig ragt der Fels zum Gipfel empor,
im Tal spielen Kinder im Sandkasten.
Zwei ungleiche Brüder, der Fels und der Sand,
und doch gleichen Ursprungs.

Sprecher

Hausbau im alten Palästina
Ein Haus wurde damals aus Steinen, Lehm und Holz zusammengefügt. Die Landschaft war von Hügeln und Bergen geprägt. Wenn nun ein starker Regen, ein Wolkenbruch kam, stürzte er über die felsigen Hänge herab, da er nicht von Wald- oder großen Wiesenflächen aufgenommen werden konnte. Wenn da ein Haus auf Sand gebaut war, kam mit den Wasserfluten der Sand ins Rutschen, das Haus geriet von unten her ins Wanken und der Sturm hatte es leicht, alles zum Einsturz zu bringen. Das Haus auf felsigem Fundament konnte nicht unterspült werden, das Wasser strömte links und rechts vorbei.

Schriftlesung

Am Ende der Bergpredigt sagt Jesus:
Wer diese meine Worte hört und danach handelt, ist wie ein kluger Mann, der sein Haus auf Fels baute. Als nun ein Wolkenbruch kam und die Wassermassen heranfluteten, als die Stürme tobten und an dem Haus rüttelten, da stürzte es nicht ein; denn es war auf Fels gebaut. Wer aber meine Worte hört und nicht danach handelt, ist wie ein unvernünftiger Mann, der sein Haus auf Sand baute. Als nun ein Wolkenbruch kam und die Wassermassen heranfluteten, als die Stürme tobten und an dem Haus rüttelten, da stürzte es ein und wurde völlig zerstört. *(Mt 7,24–27)*

Meditation

Jesus warnt uns davor, unser Haus auf Sand zu bauen, denn über kurz oder lang würde es einstürzen. Sand ist kein sicheres Fundament, wir sollten dafür Fels verwenden.
Aber wollte denn Jesus
Anweisungen für Architekten geben?
Ich muss wohl das Haus als Symbol verstehen,
als Symbol für mein Leben.

Ich darf mein Leben nicht auf Sand bauen,
wenn es Bestand haben soll.
Wo aber ist der Fels, auf den ich mein Leben
sicher und dauerhaft bauen kann?
Auch darauf gibt er Antwort:
Wer meine Worte hört und danach handelt,
ist wie ein kluger Mann,
der sein Haus auf Felsen baute.
Sein Wort also ist fester Grund,
auf den ich bauen kann.
Sein Wort ist Wahrheit und hat Bestand:
„Himmel und Erde werden vergehen,
aber meine Worte werden nicht vergehen.“ *(Mk 13,31)*
Wer danach lebt, hat den Sinn des Lebens entdeckt.
Sein Leben wird am Ende
nicht haltlos zusammenbrechen
wie ein Haus, das auf Sand gebaut wurde,
auf menschliche Philosophie oder Ideologie.
Der Herr selbst nur ist Garant
für ein gelingendes Leben.

Stille zum persönlichen Nachdenken und Beten, evtl. mit Musik untermalt.
Evtl. können Gebetssätze auch laut gesprochen werden.

Lied Worauf sollen wir hören? (GL 623)

Weinstock und Reben

Handlung

Ideal wäre, wenn sich die Gemeinde vor einem fruchttragenden Weinstock versammeln könnte. Es gibt aber auch folgende Möglichkeiten: Vor der Gemeinde wird ein Rebzweig mit Trauben, ein kleines Bäumchen oder ein Bonsai gut sichtbar platziert.

Kurze Stille zur Sammlung und zum Betrachten von Weinstock bzw. Rebzweig oder Bäumchen, evtl. mit Musik untermalt.

Lied

Du bist der Weinstock (s. Anhang S. 108)

Vorgeschichte

1. Teil

Im Alten Testament gilt Israel als der Weinstock, den Gott eingepflanzt hat. Er sollte die Früchte bringen, die Gott von ihm erwartete: Glaubenstreue, Heiligkeit, Gerechtigkeit, Liebe.

Wechselgebet

Du hobst in Ägypten einen Weinstock aus,
du hast Völker vertrieben, ihn aber eingepflanzt.
  Du schufst ihm weiten Raum;
  er hat Wurzel geschlagen
  und das ganze Land erfüllt.
Sein Schatten bedeckte die Berge,
seine Zweige die Zedern Gottes.
  Seine Ranken trieb er bis hin zum Meer,
  und seine Schößlinge bis zum Eufrat.
Sorge für diesen Weinstock und für den Garten,
den deine Rechte gepflanzt hat. *(Ps 80,9–12.15c–16)*

Vorgeschichte

2. Teil

Im Buch Jesus Sirach wird die Weisheit Gottes mit einem Weinstock verglichen, von dem Israel „essen“, d. h. lernen soll.

Wechselgebet Wie ein Weinstock trieb ich schöne Ranken,
meine Blüten wurden zu prächtiger
und reicher Frucht.
Kommt zu mir, die ihr mich begehrt,
sättigt euch an meinen Früchten!
An mich zu denken ist süßer als Honig,
mich zu besitzen ist besser als Honig aus Waben.
Wer auf mich hört, wird nicht zuschanden;
wer mir dient, fällt nicht in Sünde. *(Sir 24,17–20.22)*

Schriftlesung Ich bin der wahre Weinstock und mein Vater ist der Winzer. Jede Rebe an mir, die keine Frucht bringt, schneidet er ab, und jede Rebe, die Frucht bringt, reinigt er, damit sie mehr Frucht bringt. Ihr seid schon rein durch das Wort, das ich zu euch gesagt habe. Bleibt in mir, dann bleibe ich in euch. Wie die Rebe aus sich keine Frucht bringen kann, sondern nur, wenn sie am Weinstock bleibt, so könnt auch ihr keine Frucht bringen, wenn ihr nicht in mir bleibt. Ich bin der Weinstock, ihr seid die Reben. Wer in mir bleibt und in wem ich bleibe, der bringt reiche Frucht; denn getrennt von mir könnt ihr nichts vollbringen. Wer nicht in mir bleibt, wird wie die Rebe weggeworfen, und er verdorrt. Man sammelt die Reben, wirft sie ins Feuer, und sie verbrennen. Wenn ihr in mir bleibt, und wenn meine Worte in euch bleiben, dann bittet um alles, was ihr wollt: Ihr werdet es erhalten. Mein Vater wird dadurch verherrlicht, dass ihr reiche Frucht bringt und meine Jünger werdet. *(Joh 15,1–4)*

Ausdeutung Israel, der Weinstock, den Gott gepflanzt und gepflegt hat, hat die guten Früchte, die Gott von ihm erwartet hatte, nicht gebracht. Nun bezeichnet sich Jesus selbst als den wahren Weinstock, der das bringt, was man von einem solchen erwartet: reiche Frucht. Jesus löst das alte Israel ab, das versagt hat, er tritt also an seine Stelle.

In dieser Rede Jesu geht es um die Lebenseinheit der Rebzweige mit dem Weinstock als Voraussetzung für das Fruchtbringen. Wie die Lebenseinheit der Rebzweige mit dem Weinstock Vorbedingung dafür ist, dass die Zweige Frucht bringen, so können die Jünger nur Frucht bringen, wenn sie in lebendiger Verbindung mit Christus leben.

Frucht bringen bedeutet hier nicht, Leistungen oder Werke vollbringen, vielmehr geht es um das Sichtbarwerden des neuen Lebens aus dem Glauben. Der Glaube erweist sich darin lebendig, dass er Früchte bringt. Keine Frucht bringen ist also ein Zeichen dafür, dass der Glaube „verdorrt" ist. Ohne Gemeinschaft mit Christus gibt es keinen Glauben, ohne Gemeinschaft mit Christus gibt es deshalb keine Früchte. Umgekehrt gibt es keine Gemeinschaft mit Christus, die auf Dauer fruchtlos bliebe.

Wir alle sind die Reben, die so schmackhafte Frucht bringen dürfen. Freudenbringer sind wir für die Menschen. Und Gott selbst, sagt Jesus, reinigt die Reben immer wieder, damit sie mehr Frucht bringen. Wir wissen, dass wir dieser Reinigung bedürfen, denn schwach sind wir immer wieder und lahm.

Dass wir Frucht bringen können, verdanken wir nicht uns selbst, sondern dem Weinstock, an dem wir hängen und der uns nährt: Christus, unsere Mitte, unsere Nahrung, unser Leben. In ihm bleiben, heißt Frucht bringen; Frucht bringen, damit andere leben können, durch den Glauben neu leben können, denn die Reben behalten ihre Früchte nicht für sich selbst. Und mit den Früchten geben sie den Geschmack des Weinstocks weiter. Wenn unsere Früchte schmecken, werden andere neugierig auf den Weinstock, der solche Früchte bringt.

Stille zum persönlichen Nachdenken und Beten, evtl. mit Musik untermalt.
Evtl. können Gebetssätze auch laut gesprochen werden.

Lied Ihr seid am Baum die Reben (s. Anhang S. 112)

Feuer und Salz

Handlung Vor der Gemeinde wird in einem geeigneten, feuerfesten flachen Gefäß ein kleines Holzfeuer entfacht. In eine Glasschale wird Salz gestreut.

Kurze Stille zur Sammlung, zum Betrachten des Feuers und zum Schmecken des Salzes, evtl. mit Musik untermalt.

Lied Der Geist des Herrn (GL 249,1.4)

Wechselgebet Der Gott der Götter, der Herr, spricht,
er ruft der Erde zu vom Aufgang der Sonne
bis zum Untergang.
  Unser Gott kommt und schweigt nicht;
  Feuer frisst vor ihm her; um ihn stürmt es gewaltig.
Dem Himmel droben und der Erde ruft er zu,
er werde sein Volk nun richten:
  „Versammelt mir all meine Frommen,
  die den Bund mit mir schlossen beim Opfer."
Die Himmel sollen seine Gerechtigkeit künden;
Gott selbst wird Richter sein. *(Ps 50,1.3–6)*
  Der Schmelztiegel ist für Silber da,
  der Ofen für Gold, die Herzen aber prüft der Herr.
Der Übeltäter achtet auf böse Lippen,
der Lügner horcht hin auf eine verderbte Zunge.
  Wer den Armen verspottet,
  schmäht dessen Schöpfer,
  wer sich über ein Unglück freut,
  bleibt nicht ungestraft. *(Spr 17,3–5)*

Meditation In der Hitze des Feuers liegt reinigende Kraft.
Im Schmelztiegel hat man Edelmetalle geprüft
und gereinigt, Silber und Gold.
Wir sprechen vom Feuer des Geistes.

Vielleicht ist auch deshalb das Feuer
zum Symbol für den Heiligen Geist geworden.
Wer sich dem Geist Gottes aussetzt,
begibt sich ins Feuer.
Der menschliche Geist wird gereinigt
von jenen seiner Produkte, die der Wahrheit
und der Liebe nicht standhalten.

Wir sprechen vom Fegefeuer
und meinen jenen Zustand,
den die Theologie purgatorium nennt – Reinigung.
Nun wird das deutsche Sprachbild verständlich:
Wie im Feuer wird der Mensch gereinigt
von all dem, was nicht in Ordnung ist an ihm,
damit er taugt für ein Leben
in ewiger Wahrheit und Liebe.
Dann ist das Fegfeuer kein Drohwort,
sondern ein Hoffnungswort,
auch wenn diese Reinigung unangenehm,
ja schmerzhaft sein kann,
ähnlich wie die schmerzhafte Therapie
bei einer vielleicht lebensbedrohenden Krankheit.
Am Ende steht die Heilung,
am Ende des Fegefeuers die Heiligung.

Schriftlesung Jesus sprach zu seinen Jüngern: Jeder wird mit Feuer gesalzen werden. Das Salz ist etwas Gutes. Wenn das Salz die Kraft zum Salzen verliert, womit wollt ihr ihm seine Würze wiedergeben? Habt Salz in euch und haltet Frieden untereinander! *(Mk 9,49–50)*

Ausdeutung Feuer hat eine vernichtende, dadurch aber auch reinigende Kraft. So hat man im Feuer Verunreinigung von edlen Metallen getrennt. Auch wir müssen gleichsam mit Feuer gewürzt, nämlich gereinigt werden. Von allem Bösen, von allem, was verkehrt und ungeordnet in uns ist, müssen wir befreit werden. Dies geschieht aber nicht automatisch, wir selbst müssen es tun. Wir müssen an uns arbeiten, uns selbst erziehen. Den Maßstab dafür hat uns der Herr in seinem Wort gegeben. Von ihm müssen wir lernen, an ihm uns orientieren. Im Grunde ist es der Herr, der dann an uns arbeitet, von dem wir uns erziehen lassen müssen. Es wird aber nur gelingen, wenn wir es auch wollen und mitarbeiten. Das ist ein langwieriger Weg, auf dem es Rückschläge geben kann. Dann jedoch können wir zu Salz werden, würzig und dauerhaft, ein Segen für die Menschen.

Wechselgebet

Die Seelen der Gerechten sind in Gottes Hand,
und keine Qual kann sie berühren.
  In den Augen der Toren sind sie gestorben,
  ihr Heimgang gilt als Unglück,
ihr Scheiden von uns als Vernichtung;
sie aber sind in Frieden.
  In den Augen der Menschen wurden sie gestraft;
  doch ihre Hoffnung ist voll Unsterblichkeit.
Ein wenig nur werden sie gezüchtigt;
doch sie empfangen große Wohltat.
  Denn Gott hat sie geprüft
  und fand sie seiner würdig.
Wie Gold im Schmelzofen hat er sie erprobt
und sie angenommen als ein vollgültiges Opfer.
  Beim Endgericht werden sie aufleuchten wie Funken,
  die durch ein Stoppelfeld sprühen. *(Weish 3,1–7)*

Meditation

Für jemand, an dem uns sehr gelegen ist,
würden wir die Kastanien aus dem Feuer holen.
Für jemand, von dem wir begeistert sind
oder den wir im Innersten lieben,
würden wir durchs Feuer gehen.
Begeisterung und Liebe können
eine Tapferkeit in uns wecken,
die uns uns selbst vergessen lässt.
Da können wir über uns hinauswachsen.

Darauf spielt Jesus an, wenn er sagt:
„Jeder wird mit Feuer gesalzen werden."
Feuer bereitet Schmerzen,
aber Salz hat erhaltende, würzende Kraft.

Dem Jünger des Herrn
bleibt der Schmerz nicht erspart,
aber indem er ihn auf sich nimmt,
erhält er Würze, wird er gereinigt
und vor dem Verderben bewahrt.
Unbehelligt wird er die Gefahr des Feuers überstehen.

Ich erinnere mich an apokryphe Jesusworte.
Im Thomasevangelium heißt es:
„Wer mir nahe ist, ist dem Feuer nahe.
Wer mir fern ist, ist dem Königreich fern.“ *(Log 82)*
An der Seite Jesu stehen,
bedeutet also Gefahr auf sich nehmen,
sich von Jesus entfernen aber,
sich vom Reich Gottes entfernen.
Ähnlich in einer altsyrischen
„Erklärung des Evangeliums“:
„Wer sich mir nähert, nähert sich dem Feuer,
und wer sich von mir entfernt,
entfernt sich vom Leben.“
Jesus kennt nicht nur, er fordert jene Tapferkeit
als Tugend, die ihre Wurzel in Liebe und
Begeisterung hat und die er Nachfolge nennt.
Ich schätze diese Tugend –
und weiß doch nicht, ob ich ihrer fähig bin.

Ich werde es versuchen.

Stille zum persönlichen Nachdenken und Beten, evtl. mit Musik untermalt.
Evtl. können Gebetssätze auch laut gesprochen werden.

Lied „Mir nach“, spricht Christus (GL 616,1–3)

Feuer

Handlung Vor der Gemeinde wird in einem geeigneten, feuerfesten flachen Gefäß ein kleines Holzfeuer entfacht.

Kurze Stille zur Sammlung, zum Betrachten des Feuers, evtl. mit Musik untermalt.

Lied Der Geist des Herrn (GL 249,1.4)

Wechselgebet Gott steht auf, seine Feinde zerstieben;
die ihn hassen, fliehen vor seinem Angesicht.
Sie verfliegen, wie Rauch verfliegt;
wie Wachs im Feuer zerfließt,
so vergehen die Frevler vor Gottes Angesicht.
Die Gerechten aber freuen sich und jubeln vor Gott;
sie jauchzen in heller Freude.
Singt für Gott, spielt seinem Namen;
jubelt ihm zu, ihm, der auf den Wolken einherfährt!
Preist seinen Namen!
Freut euch vor seinem Angesicht! *(Ps 68,2–5)*

Schriftlesung Ich bin gekommen, um Feuer auf die Erde zu werfen. Wie froh wäre ich, wenn es schon brennen würde! *(Lk 12,49)*

Ausdeutung Wenn früher die Bauern ein Stoppelfeld angezündet haben, breitete sich das Feuer über das ganze Feld aus. Die Asche sollte dem Boden als Dünger dienen. Auch das Feuer, das Jesus entzündet hat, soll sich ausbreiten und die Menschen für Gott entflammen. Darum sagt er: „Wie froh wäre ich, wenn es schon brennen würde!“ Er weiß aber auch, dass es auf Widerstand stoßen wird. Viele werden seine Botschaft vom Reich Gottes nicht annehmen; manche werden sogar jene bekämpfen, die sich von Christus für seine Botschaft

von der Rettung der Menschen begeistern ließen. Das ist so geblieben bis heute.
Habe ich mich von ihm entzünden und begeistern lassen? Merkt man es an meinem Leben?

Wechselgebet Mein Sohn, wenn du dem Herrn dienen willst,
dann mach dich auf Prüfung gefasst!
Sei tapfer und stark,
zur Zeit der Heimsuchung überstürze nichts!
Hänge am Herrn und weiche nicht ab,
damit du am Ende erhöht wirst!
Nimm alles an, was über dich kommen mag,
halt aus in vielfacher Bedrängnis!
Denn im Feuer wird das Gold geprüft,
und jeder, der Gott gefällt,
im Schmelzofen der Bedrängnis.
Vertrau auf Gott, er wird dir helfen;
hoffe auf ihn, er wird deine Wege ebnen. *(Sir 2,1–6)*

Meditation Für ein Feuer braucht man geeignetes Brennmaterial.
Was schnell entzündet ist und lodert,
wird auch rasch verglühen.
Stroh können wir zum
Entzünden des Holzes verwenden,
aber als Brennmaterial taugt es nicht.
So ist es oft, wenn ein Mensch für etwas
Feuer und Flamme ist.
Erste Begeisterung lodert in ihm auf,
doch bald fällt die Flamme in sich zusammen.
Die Begeisterung war nicht dauerhaft,
eben nur Strohfeuer.
So kann es auch mit dem Glauben gehen,
wenn einer sich rasch für ihn begeistert
oder von der Begeisterung eines anderen
anstecken lässt.
Er findet etwa diesen Jesus Christus faszinierend,
aber bald findet er etwas anderes faszinierend.
Er ist unbeständig,
entzündet ein Strohfeuer nach dem anderem,
aber nie brennt in ihm wirklich ein Feuer.

Man muss Holz nachlegen,
sonst erlischt das Feuer.
Wenn wir Feuer gefangen haben
und erste Begeisterung in uns tragen,
fühlen wir uns obenauf.
Doch dann kommt der Alltag,
die alten Gewohnheiten machen sich breit,
das Feuer wird schwächer,
droht zu erlöschen.
Wie das Holzfeuer ständig nach Nahrung verlangt,
so ist es mit dem Feuer des Geistes,
das Gott in uns angezündet hat.
Erste Faszination für Jesus Christus
muss genährt werden,
indem wir uns in sein Wort und Leben vertiefen
und uns von ihm ansprechen, ja ergreifen lassen.
Die Liebe wird dadurch genährt,
dass wir sie praktizieren.
Der Glaube wird genährt,
indem wir ihn leben.

„Ich bin gekommen,
um Feuer auf die Erde zu werfen.
Wie froh wäre ich, wenn es schon brennen würde!"
(Lk 12,49)
Kann ich dem gerecht werden?
Ist in mir solche Begeisterung für Christus lebendig?
Wie würde sie sich auswirken?
Wenn die Grundtöne meines Lebens
die Liebe und die Verherrlichung Gottes wären?
Denn das lerne ich von Christus.
Aber oft bin ich ein ungelehriger Schüler.

Stille zum persönlichen Nachdenken und Beten, evtl. mit Musik untermalt.
Evtl. können Gebetssätze auch laut gesprochen werden.

Lied Auf dein Wort, Herr (GL 624)

Feuerzungen

Handlung Vor der Gemeinde wird in einem geeigneten, feuerfesten flachen Gefäß ein kleines Holzfeuer entfacht. Auch Zungen aus rotem Papier oder Karton können aufgestellt werden.

Kurze Stille zur Sammlung, zum Betrachten des Feuers bzw. der Zungen, evtl. mit Musik untermalt –

Lied Sende uns deinen Geist (s. Anhang S. 117)

Wechselgespräch (*bei genügend Zeit auch Brainstorming*):

Feuer brennt.
  Feuer erhellt die Umgebung.
Feuer spendet Wärme.
  Entfesseltes Feuer hat vernichtende Gewalt.
Beherrschtes Feuer weckt
Wohlbefinden und Geborgenheit.
  Feuer zieht in seinen Bann.
Man kann mit feuriger Zunge sprechen.
  Jemand kann feurigen Geist besitzen.
Man kann Feuer auslöschen.
  Aus Glut kann man neues Feuer entfachen.
Man kann für jemand Feuer und Flamme sein.
  Man kann für jemand
  die Kastanien aus dem Feuer holen.

Schriftlesung Als der Pfingsttag gekommen war, befanden sich alle am gleichen Ort. Da kam plötzlich vom Himmel her ein Brausen, wie wenn ein heftiger Sturm daherfährt, und erfüllte das ganze Haus, in dem sie waren. Und es erschienen ihnen Zungen wie von Feuer, die sich verteilten; auf jeden von ihnen ließ sich eine nieder. Alle wurden mit dem Heiligen Geist erfüllt und begannen, in fremden Sprachen zu reden, wie es der Geist ihnen eingab. *(Apg 2,1–4)*

Meditation

Wir kennen die Redensart,
für etwas Feuer und Flamme zu sein.
Hier steht das Feuer als Symbol für Begeisterung.
Wovon wir begeistert sind,
daran hängen wir unser Herz,
dafür mühen wir uns ab,
das wollen wir gewinnen.
Nur der Geist-lose kennt keine Be-Geist-erung,
weil ihm die Voraussetzung dafür fehlt.
Aber das Feuer muss gezähmt werden,
sonst hat es vernichtende Kraft
und richtet verheerenden Schaden an.
Den Menschen, der für etwas Feuer und Flamme ist,
muss der Geist zähmen,
sonst wird er zum Fan, zum Fanatiker,
der nur noch dumpfen Gefühlen gehorcht
und aus dem Bauch heraus handelt.
Dazu ist uns der Geist gegeben,
dass wir das Feuer in uns zähmen
und in die Bahnen der Verantwortung lenken.
Was uns auf der Gefühlsebene ergriffen hat,
muss vom Geist geprüft,
übernommen und getragen werden.
Deshalb gibt Gott uns seinen Geist,
damit unsere Orientierung stimmt
und unsere Ziele in Ordnung sind.
Mit Gottes Geist begabt sein heißt,
sich für die Aufgaben be-geistern,
die Gott uns im Leben stellt.
Da ist für Fanatismus kein Platz.

Ausdeutung

Nicht ohne Grund wird das Feuer bei der Geistsendung mit Zungen verglichen. Die Zunge brauchen wir zum Sprechen und zum Artikulieren. Die den Geist des Herrn empfangen haben, dürfen den Herrn nicht für sich behalten. Wovon das Herz voll ist, davon geht der Mund über. Wenn wir wirklich vom Herrn und für den Herrn be-geistert sind, werden wir von ihm reden und für ihn reden. Dafür brauchen wir manchmal großen Mut, denn nicht alle wollen es hören.

Wechselgebet Der Mund des Gerechten bewegt Worte der Weisheit,
und seine Zunge redet, was recht ist.
Er hat die Weisung seines Gottes im Herzen,
seine Schritte wanken nicht. *(Ps 37,30f)*
Meine Zunge soll deine Gerechtigkeit verkünden,
dein Lob alle Tage. *(Ps 35,28)*
Sagt den Verzagten:
Habt Mut, fürchtet euch nicht!
Seht, hier ist euer Gott!
Er selbst wird kommen und euch erretten.
Dann werden die Augen der Blinden geöffnet,
auch die Ohren der Tauben sind wieder offen.
Dann springt der Lahme wie ein Hirsch,
die Zunge des Stummen jauchzt auf. *(Jes 8,4–6)*

Stille zum persönlichen Nachdenken und Beten, evtl. mit Musik untermalt.
Evtl. können Gebetssätze auch laut gesprochen werden.

Lied Über der Welt Gottes Geist (s. Anhang S. 118) *oder*
Komm, Heil'ger Geist (s. Anhang S. 115)

Absender:
(Bitte in Druckschrift)

___

(Name)

___

(Vorname)

___

(Straße/Hausnr.)

___

(PLZ/Ort)

Diese Karte entnahm ich dem Buch:

___

Bitte freimachen, falls Marke zur Hand

Antwortkarte

VERLAG
FRIEDRICH PUSTET
93008 REGENSBURG

Ohr und Zunge

Handlung Vor der Gemeinde werden eine große Zunge und ein großes Ohr aus Pappe aufgestellt.

Kurze Stille zur Sammlung, zum Betrachten von Ohr und Zunge, die Teilnehmer können aufgefordert werden, ihre Zunge im Mund zu bewegen und auf leiseste Geräusche zu achten, evtl. mit Musik untermalt.

Wechselgespräch

Die Ohren sind uns zum Hören gegeben.
  Wir können unsere Ohren aber auch verstopfen.
Wir können weghören.
  Wir können so tun, als hörten wir nicht.
Wir können sehr aufmerksam zuhören.
  Wir hören, was wir hören wollen.

Lied Herr, gib uns Mut zum Hören (GL 521)
auch als zweistimmiger Kanon möglich

Biblisches Wechselgespräch

Mein Sohn, wenn du meine Worte annimmst
und meine Gebote beherzigst,
  der Weisheit Gehör schenkst,
  dein Herz der Einsicht zuneigst,
wenn du nach Erkenntnis rufst,
mit lauter Stimme um Einsicht bittest,
  wenn du sie suchst wie Silber,
  nach ihr forschst wie nach Schätzen,
dann wirst du die Gottesfurcht begreifen
und Gotteserkenntnis finden. *(Spr 2,1–6)*
  Ein Ohr, das auf heilsame Mahnungen hört,
  hält sich unter den Weisen auf. *(Spr 15,31)*
Höre, mein Sohn, und nimm meine Worte an,
dann mehren sich die Jahre deines Lebens.

Den Weg der Weisheit zeige ich dir,
ich leite dich auf ebener Bahn. *(Spr 4,10f)*
Hast du alles gehört, so lautet der Schluss:
Fürchte Gott und achte auf seine Gebote!
Das allein hat jeder Mensch nötig. *(Koh 12,13)*

Schriftlesung Gott, der Herr, gab mir die Zunge eines Jüngers, damit ich verstehe, die Müden zu stärken durch ein aufmunterndes Wort. Jeden Morgen weckt er mein Ohr, damit ich auf ihn höre wie ein Jünger. Gott, der Herr, hat mir das Ohr geöffnet. Ich aber wehrte mich nicht und wich nicht zurück. *(Jes 50,4–5)*

Ausdeutung „Jeden Morgen weckt er mein Ohr, damit ich auf ihn höre wie ein Jünger (Schüler). Gott, der Herr, hat mir das Ohr geöffnet.“

Der Glaube kommt vom Hören, vom Hören auf Gott. Gott spricht uns an. Er spricht uns in unserem Inneren an. Es genügt nicht, Gottes Wort mit dem Ohr des Leibes zu hören, wir müssen es mit dem Ohr des Herzens hören und als Gottes Wort in uns aufnehmen. Halte ich mich bereit, ihn zu vernehmen? Ich kann sein Ansprechen auch überhören, weil ich z. B. mit ganz anderen Dingen beschäftigt bin. Ich kann mich vom Trubel der Welt so überfluten lassen, dass ich Gott nicht mehr höre. Ich kann sein Ansprechen auch ganz bewusst überhören, weil ich ihn gar nicht hören will. Er könnte ja etwas sagen, das ich nicht gerne höre. Er könnte mich auf einen Fehler aufmerksam machen. Er könnte mir eine Weisung, einen Auftrag erteilen wollen, von dem ich nichts wissen will.

Gott spricht mich an in seinem Wort der Heiligen Schrift und in der authentischen Auslegung der Schrift durch die Kirche. Will ich Gott wirklich hören? Konzentriere ich mich auf sein Wort, wenn ich es höre?

Um Gott zu hören, brauche ich auch mein inneres Ohr, nicht nur das leibliche am Kopf. Ich muss mit dem Ohr des Herzens auf Gott hören und ihm zuhören, ich muss mein Inneres für ihn öffnen.

Die erste Folge des Hörens ist das Nachdenken und das Verstehen. Indem ich über Gottes Wort nachdenke und es mir zu eigen mache, wird es mein eigener Besitz. Es gehört dann zu mir. Es lebt in mir, als wäre es aus mir selbst gekommen.
Die zweite Folge des Hörens ist das Handeln. Wenn ich Gottes Wort verinnerlicht habe, will ich mich daran orientieren und danach leben.
Ich will mich jetzt in meinem Handeln vom Wort Gottes leiten lassen.
So will ich Gottes Werke tun: Nicht mein Wille geschehe, sondern der deine, Nachfolge Jesu.

Wechselgespräch

Die Zunge brauchen wir nicht nur zum Schmecken und Essen, auch zum Sprechen und Artikulieren.
Manchmal ist unsere Zunge wie gelähmt.
Manchmal halten wir sie absichtlich im Zaum.
Wir können auch eine flotte Zunge haben.
Wir können Gutes und Wahres reden.
Wir können loben, danken und bitten.
Wir können mit spitzer Zunge reden.
Wir können mit gespaltener Zunge reden.

Biblisches Wechselgespräch

Bewahre deine Zunge vor Bösem
und deine Lippen vor falscher Rede! *(Ps 34,14)*
Alle sollen sagen: „Groß ist der Herr,
er will das Heil seines Knechtes."
Meine Zunge soll deine Gerechtigkeit verkünden,
dein Lob alle Tage. *(Ps 35,27f)*
Der Mund des Gerechten bewegt Worte der Weisheit,
und seine Zunge redet, was recht ist.
Er hat die Weisheit seines Gottes im Herzen,
seine Schritte wanken nicht. *(Ps 37,30f)*

Ausdeutung

„Gott, der Herr, gab mir die Zunge eines Jüngers (= Schülers)."

Die Zunge brauchen wir zum Sprechen. Wir sollen das von Gott Gehörte nicht für uns behalten, sondern in der Welt weitersagen. Nur wenn wir den Glauben vor den Menschen dieser Welt vertreten, haben wir die Zunge eines Jüngers. Ohne diese Zunge bleibt der Glaube in uns fruchtlos, weil wir das, was wir von Gott empfangen haben, den Glauben, in unserem Herzen begraben und so zu Totengräbern Gottes werden. Was das Ohr vernommen hat, muss die Zunge verkünden und vertreten. Wenn uns das klar geworden ist, wird sich etwas an uns ändern. Wenn wir z. B. wegen unseres Glaubens angestänkert werden, dann werden wir unsere Zunge einsetzen und den vertreten, an den wir glauben.

„Gott, der Herr, gab mir die Zunge eines Jüngers, damit ich verstehe, die Müden zu stärken durch ein aufmunterndes Wort." Wir sollen unsere Sprache nicht nur zum Einsatz für Gott verwenden, sondern auch in den Dienst der Mitmenschen stellen. Der Gottesliebe folgt ja als zweites Gebot die Nächstenliebe.

Zunächst müssen wir auch hier ein Ohr haben, ein Ohr für die Menschen um uns. Wir müssen die Not, die aus ihnen spricht, vernehmen. Die meisten sprechen freilich nicht von ihrer Not. Auch hier brauchen wir das innere Ohr, des Ohr des Herzens. Aus ihrem Gesichtsausdruck, aus ihrem Verhalten, aus schwachen Andeutungen, aus dem Klang ihrer Stimme können wir die Not erahnen, die in ihnen um sich greift und an ihrem Herzen frisst.

Wenn wir unser Ohr so auf die Menschen hin öffnen, werden wir uns in sie einfühlen, mit ihnen mitfühlen und dann auch ganz vorsichtig unsere Zunge einsetzen können, um sie zu stärken und aufzumuntern.

Was wir noch dafür brauchen, ist Zeit. Zeit haben wir immer dafür, wofür wir sie uns nehmen. Wir müssen uns Zeit nehmen zum Hören auf Gott und auf die Menschen, zum Sprechen für Gott und für die Menschen.

Stille zum persönlichen Nachdenken und Beten, evtl. mit Musik untermalt.
Evtl. können Gebetssätze auch laut gesprochen werden.

Lied Kündet den Völkern (s. Anhang S. 116) *oder*
O Jesu Christe, wahres Licht (GL 643,1.3)

Baum und Früchte

Handlung

Vor der Gemeinde wird ein kleines Bäumchen bzw. ein Bonsai aufgestellt. Auch ein kräftiger Zweig mit Blüten oder Früchten ist möglich.

Kurze Stille zur Sammlung, zum Betrachten des Bäumchens bzw. Zweiges; im Falle eines blühenden Zweiges können die Teilnehmer auch aufgefordert werden, an den Blüten zu riechen, evtl. mit Musik untermalt.

Lied

Solang es Menschen gibt auf Erden (GL 300,1.3.5)

Meditation

Eine Augenweide ist der Baum im Frühjahr.
Blüte an Blüte verbreiten verheißungsvollen Duft,
Bienen, Hummeln, Wespen
tummeln sich in den Zweigen
und verrichten ihre fruchtbare Arbeit.
Ich erfreue mich an dem Baum,
sehe schon die reifenden Früchte vor mir.

Ist es nicht wie beim Menschen?
Wie viel Gutes, welche Möglichkeiten
stecken in ihm!
Reiche Frucht kann er
mit seinen Taten erbringen.
Doch ich denke auch an jene Tiere,
die uns die Früchte verderben können,
wenn etwa die Maden in Apfel
und Haselnuss eindringen.
Ist es nicht wie beim Menschen?
Wenn er Schädliches in sich eindringen lässt,
wird er selbst verdorben
und bringt keine guten Früchte mehr hervor.
Wie ist es um meine Früchte bestellt?

Einen jungen Baum muss man veredeln.
Das ist ein harter Eingriff in sein Leben,
vielleicht sogar schmerzhaft, und doch ist er nötig,
soll er gute Früchte bringen.
Und dann muss der Baum beschnitten werden,
damit er seine Fruchtbarkeit behält.
Es ist wie beim Menschen.
Zwar müssen wir ihm nicht Gewalt antun,
aber er muss erzogen werden.
Es müssen ihm Grenzen gesetzt werden.
Ihm müssen die Augen geöffnet werden
für das Gute
und er muss eine Abweisung in sich aufbauen
gegen das Böse.
Doch wenn er älter wird,
erzieht ihn niemand mehr,
er würde sich auch dagegen wehren.
Irgendwann muss jeder begreifen,
dass er sein Leben
in die eigenen Hände nehmen muss.
Er muss lernen, sich selbst zu erziehen,
muss sich selbst Grenzen setzen
und das Gute als Ziel nicht aus den Augen verlieren.

Wenn man einen Baum beschneidet,
muss man einige Äste absägen.
Nun wird keiner den Ast,
auf dem er selber sitzt, absägen,
es sei denn, er wäre Masochist
oder würde die Folgen seines Handelns nicht absehen.
Aber oft gibt es Menschen,
die fleißig an Ästen sägen, auf denen andere sitzen.
Der Konkurrent für die Karriere
muss ausgebootet werden.
Die Nachbarin wird mit Gerüchten
unmöglich gemacht.
Eine Schuld wird auf andere geschoben,
um nicht selbst dafür gerade stehen zu müssen.
Auch darin zeigen sich die Früchte,
die ein Mensch in seinem Leben bringt.

Wechselgebet Wohl dem Mann, der nicht dem Rat der Frevler folgt,
nicht auf dem Weg der Sünder geht,
nicht im Kreis der Spötter sitzt,
sondern Freude hat an der Weisung des Herrn,
über seine Weisung nachsinnt bei Tag und bei Nacht.
Er ist wie ein Baum,
der an Wasserbächen gepflanzt ist,
der zur rechten Zeit seine Frucht bringt
und dessen Blätter nicht welken.
Alles, was er tut,
wird ihm gut gelingen.
Nicht so die Frevler, sie sind wie Spreu,
die der Wind verweht.
Darum werden die Frevler im Gericht nicht bestehen,
noch die Sünder in der Gemeinde der Gerechten.
Denn der Herr kennt den Weg der Gerechten,
der Weg der Frevler aber führt in den Abgrund.
(Ps 1,1–6)

Schriftlesung Jesus sagte zu seinen Jüngern: Es gibt keinen guten Baum, der schlechte Früchte hervorbringt, noch einen schlechten Baum, der gute Früchte hervorbringt. Jeden Baum erkennt man an seinen Früchten: Von den Disteln pflückt man keine Feigen, und vom Dornstrauch erntet man keine Trauben. Ein guter Mensch bringt Gutes hervor, weil in seinem Herzen Gutes ist; und ein böser Mensch bringt Böses hervor, weil in seinem Herzen Böses ist. Wovon das Herz voll ist, davon spricht der Mund. Was sagt ihr zu mir: Herr! Herr!, und tut nicht, was ich sage? *(Lk 6,43–46)*

Ausdeutung Die Qualität eines Menschen, sagt Jesus, wird von seinem Herzen bestimmt. Das Körperorgan „Herz“ galt immer schon auch als Symbol. Es bezeichnet das Innerste, das Gewissen, die Gesinnung eines Menschen, den Kern seiner Persönlichkeit. Deswegen entspricht das, was ein Mensch hervorbringt, seinem Herzen. Jesus wendet sich immer wieder gegen jede Art von Heuchelei. Bei ihm müssen äußeres Tun und innere Gesinnung übereinstimmen.

Für die Pharisäer und Schriftgelehrten war ein Mensch gut, wenn seine Taten mit dem religiösen Gesetz übereinstimmten. Ein staatliches Gericht belangt einen Menschen, wenn seine Taten nicht mit den Gesetzen übereinstimmen. Nach der Qualität des Gesetzes muss der Richter nicht fragen; er muss es nur durchsetzen. Er tut es vielleicht beim Strafmaß. Mancher wird vielleicht nur aus Angst vor einer Strafe nicht zum Gesetzesübertreter, in seinem Herzen gleicht er dem Dieb oder dem Vergewaltiger. Ein anderer wird zum Ehebrecher oder zum Abtreiber, weil es vom Gesetz nicht bestraft wird. Vor Gott ist er ein Sünder.
Für Jesus muss das Herz, das Innerste des Menschen gut sein. Das ist die Voraussetzung dafür, dass auch seine Taten gut sein können. Denn die gute Tat nur aus Berechnung oder Heuchelei ist noch keine gute Tat.
Und wann ist das Herz des Menschen gut? Wenn er sich in seinem Gewissen an Christus, dem Lehrer der Menschen, orientiert; wenn er das Wort Jesu nicht nur mit den Ohren, sondern im Herzen aufgenommen hat; und wenn Gott in seinem Herzen Herr ist über seine Entscheidungen.
Dann werden nicht nur die Taten, sondern auch die Reden des Menschen gut sein: „Wovon das Herz voll ist, davon spricht der Mund." Wie sehr die Tat eine Frucht der Gesinnung ist, wird im letzten Satz deutlich: „Was sagt ihr zu mir: Herr! Herr!, und tut nicht, was ich sage?
An seinen Früchten erkennt man den Baum, aber ebenso den Menschen. Die Taten und Worte sind die Früchte, die der Mensch hervorbringt. –
Wenn ich mir jetzt mal meine Taten und Worte der letzten Tage oder Wochen in Erinnerung rufe, waren es gute oder schlechte Früchte? Oder beides? – *Stille*
Stimmen bei mir äußeres Tun und innere Gesinnung überein? – *Stille*
Orientiere ich mein Gewissen an Christus? – *Stille*
Wenn ich Christus den Herrn nenne, dann tue ich doch auch, was er sagt, oder? – *Stille*

Stille zum persönlichen Nachdenken und Beten, evtl. mit Musik untermalt.
Evtl. können Gebetssätze auch laut gesprochen werden.

Lied Gott liebt diese Welt (GL 297,1–2.7–8)

Baum – letzte Chance

Handlung Vor der Gemeinde wird ein kleines Bäumchen bzw. ein Bonsai aufgestellt. Auch ein kräftiger Zweig ohne Blüten und Früchte ist möglich.

Kurze Stille zur Sammlung, zum Betrachten des Bäumchens, evtl. mit Musik untermalt.

Lied Bekehre uns (GL 160,1–3)

Biblisches Wechselgespräch

So spricht Gott, der Herr:
  Ich selbst nehme ein Stück
  vom hohen Wipfel der Zeder und pflanze es ein.
Einen zarten Zweig aus den obersten Ästen
breche ich ab, ich pflanze ihn
auf einen hoch aufragenden Berg.
  Auf die Höhe von Israels Bergland
  pflanze ich ihn.
Dort treibt er dann Zweige, er trägt Früchte
und wird zur prächtigen Zeder.
  Allerlei Vögel wohnen darin; alles, was Flügel hat,
  wohnt im Schatten ihrer Zweige.
Dann werden alle Bäume auf den Feldern erkennen,
dass ich der Herr bin.
  Ich mache den hohen Baum niedrig,
  den niedrigen mache ich hoch.
Ich lasse den grünenden Baum verdorren,
den verdorrten erblühen.
  Ich, der Herr, habe gesprochen,
  und ich führe es aus. *(Ez 17,22–24)*

Schriftlesung Einige Leute kamen zu Jesus und berichteten ihm von den Galiläern, die Pilatus beim Opfern umbringen ließ, so dass sich ihr Blut mit dem ihrer Opfertiere vermischte. Da sagte er zu ihnen: Meint ihr, dass nur

diese Galiläer Sünder waren, weil das mit ihnen geschehen ist, alle anderen Galiläer aber nicht? Nein, im Gegenteil: Ihr alle werdet genauso umkommen, wenn ihr euch nicht bekehrt. Oder jene achtzehn Menschen, die beim Einsturz des Turms von Schiloach erschlagen wurden – meint ihr, dass nur sie Schuld auf sich geladen hatten, alle anderen Einwohner von Jerusalem aber nicht? Nein, im Gegenteil: Ihr alle werdet genauso umkommen, wenn ihr euch nicht bekehrt.
Und er erzählte ihnen dieses Gleichnis: Ein Mann hatte in seinem Weinberg einen Feigenbaum; und als er kam und nachsah, ob er Früchte trug, fand er keine. Da sagte er zu dem Weingärtner: Jetzt komme ich schon drei Jahre und sehe nach, ob dieser Baum Früchte trägt, und finde nichts. Hau ihn um! Was soll er weiter dem Boden seine Kraft nehmen? Der Weingärtner erwiderte: Herr, lass ihn dieses Jahr noch stehen; ich will den Boden um ihn herum aufgraben und düngen. Vielleicht trägt er doch noch Früchte; wenn nicht, dann lass ihn umhauen. *(Lk 13,1–9)*

Ausdeutung

Seine Ankündigung, dass alle umkommen werden, wenn sie sich nicht bekehren, erläutert Jesus mit einer Parabel. Schon beim Propheten Jesaja gilt Jahwe-Gott als Besitzer des Weinbergs. Israel ist der Weinberg Gottes. Es war üblich, in den Weinbergen auch Feigenbäume zu pflanzen. Bei den Propheten wird Israel wiederholt mit einem Feigenbaum verglichen. Jesus ist in diesem Gleichnis als Weingärtner zu verstehen. Er bittet den Vater, dem unfruchtbaren Volk noch eine letzte Chance zur Umkehr zu geben. Er selbst will alles tun, umgraben und düngen, um durch seine Predigt und sein Handeln die Menschen zu Besinnung und Umkehr zu bewegen. Sollte das Volk auch diese letzte Gnadenfrist ungenutzt verstreichen lassen, dann mag der Baum umgehauen, also Israel dem Gericht übergeben werden.

Meditation

„Jeder Baum, der keine guten Früchte hervorbringt, wird umgehauen und ins Feuer geworfen.“ *(Mt 17,19; vgl. Mt 12,33)*
So haben es die Gärtner zur Zeit Jesu getan,
denn vom Ertrag ihrer Bäume lebten sie.
Soll das nun auch für den Menschen gelten?
Jesus denkt anders über den Menschen.
Zwar mahnt er uns zur Umkehr,
doch auch den Baum,
der schon jahrelang keine Früchte mehr bringt,
haut er nicht um.
Vielmehr meint er,
man müsse dem Boden gute Nahrung geben,
damit der Baum sie aufnehmen
und wieder Früchte bringen kann.
Das endgültige Urteil über den Menschen
steht allein Gott zu
am Ende unseres Lebens. *(Vgl. Lk 13,6–9)*

Auch mich hat Gott gepflanzt,
damit ich gute Früchte bringe.
Was ist aus mir geworden?
Was habe ich aus mir gemacht?
Bringe ich die Früchte,
die Gott von mir erwartet?
Ich kann die Botschaft und die Taten Jesu
täglich lesen und in der Kirche hören.
Welche Wirkung zeitigt das bei mir?
Irgendwann – ich kann den Tag nicht wissen –
ist meine Frist zu Ende in meiner Todesstunde.
Nütze ich die Zeit, die mir gegeben ist?

Stille zum persönlichen Nachdenken und Beten, evtl. mit Musik untermalt.
Evtl. können Gebetssätze auch laut gesprochen werden.

Lied

Sag Ja zu mir (GL 165,1–3)

Baum – Erkenntnis und Leben

Handlung Vor der Gemeinde wird ein kleines Bäumchen bzw. ein Bonsai mit Früchten aufgestellt. Auch ein kräftiger Zweig mit Früchten ist möglich.

Kurze Stille zur Sammlung, zum Betrachten des Bäumchens bzw. Zweiges, evtl. mit Musik untermalt.

Lied Lehre uns, Herr, deinen Willen zu tun (GL 170)

Schriftlesung Dann legte Gott, der Herr, in Eden, im Osten, einen Garten an und setzte dorthin den Menschen, den er geformt hatte. Gott, der Herr, ließ aus dem Ackerboden allerlei Bäume wachsen, verlockend anzusehen und mit köstlichen Früchten, in der Mitte des Gartens aber den Baum des Lebens und den Baum der Erkenntnis von Gut und Böse.
Gott, der Herr, nahm also den Menschen und setzte ihn in den Garten von Eden, damit er ihn bebaue und hüte. Und er gebot dem Menschen: Von allen Bäumen des Gartens darfst du essen, doch vom Baum der Erkenntnis von Gut und Böse darfst du nicht essen; denn sobald du davon isst, wirst du sterben. *(Gen 2,8–9.15–17)*

Erklärung der Bilder

Dieser Text wimmelt von Sprachbildern. Israel lebte in Palästina. Die Feldarbeit für den Lebensunterhalt war dort relativ mühsam, weil es viel Bergwüste gab. Um den Wonnezustand der ersten Menschen zu beschreiben, wird der Anfang der Menschheit in den Osten verlegt, wo man das fruchtbare Land zwischen Eufrat und Tigris kannte. Der Garten wird Eden genannt; das heißt auf deutsch Wonne, Lust, Freude. Es ist also die reine Freude, dort zu leben. Mitten im Garten gibt es

nun zwei besondere Bäume, den „Baum des Lebens", von dem der Mensch essen darf, und den „Baum der Erkenntnis von Gut und Böse", von dem zu essen dem Menschen Verderben bereiten würde.
Diese Bäume sind keine Pflanzen, die irgendwo gewachsen sind, sondern Sprachbilder. Leben ist nach biblischem Verständnis eine Qualität Gottes. Er ist das Leben und der Lebendige schlechthin. Vom Baum des Lebens essen bedeutet also, Anteil haben am Leben durch engste Gemeinschaft mit Gott. „Gut und Böse" ist ein Idiom für „alles, was es gibt". Erkenntnis von allem, was es gibt, besitzt aber nur Gott. Von diesem Baum der Erkenntnis essen meint also den Versuch des Menschen, sein zu wollen wie Gott, selber Gott, also sein eigener Herr sein zu wollen. Als Folge solchen Tuns nennt Gott: Dann wirst du sterben. Wäre der Mensch sonst auf Erden unsterblich gewesen? Wir müssen wieder im Bild denken. Wie „Leben" Freundschaft mit Gott bedeutet, so meint „Sterben", diese Freundschaft mit Gott zu verlieren. Der Mensch selbst kündigt Gott die Freundschaft auf, wenn er ihn absetzen will.

Biblisches Wechselgespräch

Wohl dem Mann, der Weisheit gefunden,
dem Mann, der Einsicht gewonnen hat.
  Denn sie zu erwerben ist besser als Silber,
  sie zu gewinnen ist besser als Gold.
Sie übertrifft die Perlen an Wert,
keine kostbaren Steine kommen ihr gleich.
  Langes Leben birgt sie in ihrer Rechten,
  in ihrer Linken Reichtum und Ehre.
Ihre Wege sind Wege der Freude,
all ihre Pfade führen zum Glück.
  Wer nach ihr greift, dem ist sie ein Lebensbaum,
  wer sie festhält, ist glücklich zu preisen. *(Spr 3,13–18)*

Schriftlesung Die Schlange war schlauer als alle Tiere des Feldes, die Gott, der Herr, gemacht hatte. Sie sagte zu der Frau: Hat Gott wirklich gesagt: Ihr dürft von keinem Baum des Gartens essen? Die Frau entgegnete der Schlange:

Von den Früchten der Bäume im Garten dürfen wir essen; nur von den Früchten des Baumes, der in der Mitte des Gartens steht, hat Gott gesagt: Davon dürft ihr nicht essen und daran dürft ihr nicht rühren, sonst werdet ihr sterben. Darauf sagte die Schlange zur Frau: Nein, ihr werdet nicht sterben. Gott weiß vielmehr: Sobald ihr davon esst, gehen euch die Augen auf; ihr werdet wie Gott und erkennt Gut und Böse. Da sah die Frau, dass es köstlich wäre, von dem Baum zu essen, dass der Baum eine Augenweide war und dazu verlockte, klug zu werden. Sie nahm von seinen Früchten und aß; sie gab auch ihrem Mann, der bei ihr war, und auch er aß. *(Gen 3,1–6)*

Ausdeutung

Die Verheißung, Gott gleich zu sein, ist für den Menschen verlockend. Selbst herrschen und nicht mehr auf Gott hören! Das ist die Ur-Sünde des Menschen schlechthin. Die Versuchung dazu durchzieht unser ganzes Leben. Die eigentliche Sünde ist die Auflehnung des Menschen gegen Gott. Der Mensch möchte gern selber Herr und damit Gott sein; er will Gott nicht verantwortlich sein, sondern nur sich selbst. Das geschieht im Grund in jeder einzelnen Sünde, die der Mensch begeht.

Gott hat uns in der Taufe von dieser Ur- und Erbsünde befreit. Wir müssen dieser Versuchung nicht mehr erliegen, aber wir können es, wenn wir ihr nachgeben. Die Begierde, Gott abzusetzen und unsere eigenen Herren zu sein, ist geblieben. Gott hat uns nicht zu Marionetten gemacht, sondern uns die freie Entscheidung gelassen. Ohne die Freiheit hätten wir nicht mehr die Würde, Gottes Abbild zu sein. Ohne die Freiheit zur Sünde gäbe es auch keine Tugend mehr; dann müssten wir ja immer zwanghaft gut sein.

Stille zum persönlichen Nachdenken und Beten, evtl. mit Musik untermalt.
Evtl. können Gebetssätze auch laut gesprochen werden.

Lied

Du sagst Ja zu uns (s. Anhang S. 109)

Schlüssel

Handlung Vor der Gemeinde wird ein möglichst großer Schlüssel aufgestellt oder aufgehängt. Man kann den Schlüssel auf vorher zum Betasten herumreichen.

Kurze Stille zur Sammlung, zum Betrachten Schlüssels, evtl. mit Musik untermalt.

Wechselgespräch

Mit dem Schlüssel kann man auf- und zusperren.
Der Schlüssel öffnet oder verschließt die Tür.
Der Schlüssel nützt nur,
wenn er in das Schloss passt.
Der Schlüssel schließt unsere Wohnungen ab
und gibt uns Sicherheit.
Wenn man den Schlüssel verloren hat,
steht man draußen vor der Tür.
Der Schlüssel verschafft Zugang zu Versperrtem.

Meditation

Der Schlüssel ist ein wichtiges Utensil.
Ich kann damit Schlösser sperren,
Türen öffnen und schließen.
Schlüssel verleihen Zugang
zu Häusern und Wohnungen.
Doch wie finde ich Zugang zu Menschen?
Gibt es auch dafür Schlüssel?

Manche Menschen öffnen sich schnell,
andere nur langsam.
Und wie weit einer sich öffnet,
ist ihm selbst überlassen.
Der Schlüssel zu Menschen ist wohl das Vertrauen.

Vertrauen wächst in vielen Begegnungen,
in guten Gesprächen und Erfahrungen.

Wenn ich vertrauenswürdig erscheine,
kann der andere sich Zug um Zug öffnen.
Vertrauen muss gegenseitig wachsen.
Wer spürt, dass man ihm nicht vertraut,
wird auch selbst kaum vertrauen.
Wenn einer enttäuscht ist von mir,
wird er sich mir verschließen.
Wenn einer spürt,
dass ich gewaltsam eindringen will,
wird er vorsichtig sein.
Bin ich vertrauenswürdig?
Rechtfertige ich das Vertrauen anderer?

Auch andere suchen Zugang zu mir.
Können sie ihn finden oder bin ich verschlossen?
Habe ich Angst, mich zu verlieren,
wenn ich mich öffne?
Angst vor der Begegnung?
Angst vor dem Erkanntwerden?
Oder ist es der Stolz,
der anderen die Begegnung mit mir verwehrt?
Vielleicht tu ich mich einfach nur schwer,
Vertrauen zu schenken?
Blindes Vertrauen wäre nicht gut,
es könnte ausgenützt werden.
Wer mich kennt,
hat etwas gegen mich in der Hand.
Es ist schon gut zu überlegen,
wem man Vertrauen schenkt.

Gibt es einen Schlüssel,
der Zugang verschafft zu Gott?
Seine Tür ist nie verschlossen,
er ist immer bereit für Gespräch und Begegnung,
weil er mich zuerst geliebt hat *(vgl. 1 Joh 4,19)*.
Aber ich?
Auch hier eine Frage des Vertrauens.
Nur wenn ich ihm vertraue,
suche ich Zugang zu ihm.
Nur dann kann ich auch erfahren,

dass es Gottesbegegnung gibt
und dass sie beglückt und stärkt.

Gott ist immer unterwegs zu mir.
Er sucht mich, auch wenn ich mich verirrt
oder von ihm abgewandt habe.
Doch wie soll sein Suchen nach mir,
sein Besuch bei mir erfolgreich sein,
wenn ich mich ihm verschließe?
Vielleicht stand er schon oft
draußen vor meiner Tür,
doch ich habe nicht geöffnet?
Zur Begegnung gehören immer zwei.
Gott steht vor meiner Tür,
aber öffnen muss ich selber.

Lied Lasst uns loben (GL 637)

Schriftlesung Jesus sagte: Weh euch Gesetzeslehrern! Ihr habt den Schlüssel zur Erkenntnis weggenommen. Ihr seid selbst nicht hineingegangen, und die, die hineingehen wollten, habt ihr daran gehindert. *(Lk 11,52)*

Erklärung Die Gesetzeslehrer sitzen auf dem Lehrstuhl des Mose. Sie kennen die heiligen Schriften Israels, vor allem die Tora und die Propheten, ganz genau. Sie besitzen also den Schlüssel zur Erkenntnis des Weges, der zum Reich Gottes führt. Ihre Aufgabe wäre es, die Menschen diesen Weg der Wahrheit zu lehren. Aber sie verstellen den Menschen den Weg zum Leben und gehen ihn auch selbst nicht.

Schriftlesung Jesus sagte zu Petrus: Ich sage dir: Du bist Petrus, und auf diesen Felsen werde ich meine Kirche bauen, und die Mächte der Unterwelt werden sie nicht überwältigen. Ich werde dir die Schlüssel des Himmelreiches geben; was du auf Erden binden wirst, das wird auch im Himmel gebunden sein, und was du auf Erden lösen wirst, das wird auch im Himmel gelöst sein. *(Mt 16,18–19)*

Erklärung

Die Gesetzeslehrer des alten Israel hatten versagt. Aber das Reich Gottes soll den Menschen nicht verschlossen bleiben. Deshalb „übergibt" Jesus dem Petrus die Schlüssel des Himmelreichs. Mit diesen „Schlüsseln des Himmelreichs" kann nicht die Entscheidung darüber gemeint sein, wer Zutritt in den Himmel bzw. das ewige Leben erhält. Denn wiederholt weist Jesus im Matthäusevangelium darauf hin, dass dies die alleinige und souveräne Entscheidung Gottes ist *(vgl. Mt 19,24–26; 20,23)*. Die Schlüssel des Himmelreiches bedeuten die Vollmacht, das Wort Gottes so auszulegen und zu lehren, dass den Menschen dadurch das Himmelreich aufgeschlossen wird. Schon im rabbinischen Sprachgebrauch bedeuteten die Worte „binden" und „lösen", die Lehre Gottes richtig oder falsch zu erklären. Jesus überträgt also hier dem Petrus die Vollmacht zu entscheiden, was als wahre und rechte Lehre zu gelten hat, und damit auch, was eine falsche Lehre bzw. Irrlehre ist.

Es bleibt die Frage, ob dieses Amt nur dem Petrus persönlich zugedacht war oder auch für seine Nachfolger gelten soll. Dies hängt davon ab, ob Jesus die Kirche nur als vorübergehende Gemeinde bis zum Tod des Petrus oder auch für die Zeit danach wollte. Da Ersteres unsinnig wäre und der gesamten Botschaft Jesu widersprechen würde, kommt nur die zweite Möglichkeit in Frage. Also muss das apostolische Amt in der Kirche weitergegeben werden. So haben es auch die Apostel verstanden und haben ihr Amt durch die Einsetzung von Bischöfen weitergegeben. Dann aber muss auch das Petrusamt in der Kirche weitergegeben werden.

Wenn ich an Christus glaube, nehme ich sein Wort an Simon Petrus ernst. Dann nehme ich die endgültigen Lehrentscheidungen der Kirche darüber, was wahre oder falsche Lehre ist, was rechter Glaube und was Irrglaube ist, so an, dass ich mich an sie halte.

Stille zum persönlichen Nachdenken und Beten,
evtl. mit Musik untermalt.
Evtl. können Gebetssätze auch laut gesprochen werden.

Lied Sonne der Gerechtigkeit (GL 644,1–3)

Ton und Töpfer

Handlung Ein großes Gefäß aus Ton (Krug, Vase ...) wird gut sichtbar vor der Gemeinde aufgestellt.

Kurze Stille zur Sammlung, zum Betrachten des Tongefäßes; das Gefäß kann zum Betasten auch herumgereicht werden, evtl. mit Musik untermalt.

Lied Gott liebt diese Welt (GL 297,1–2.8)

Einführung Aus Ton haben die Menschen schon früh Ziegel gebrannt, um damit Häuser zu bauen. Schon bald stellten sie aus Ton auch Gebrauchsgegenstände wie Geschirr und Öllampen, aber auch Schmuck her. An überkommenen antiken Vasen und Krügen sehen wir heute noch kunstvolle Verzierungen und Malerei. Die Scherben zerbrochener Tongefäße dienten als billiges Schreibmaterial. Auf solche Ostraka schrieben die frühen Christen auch Sätze aus den Reden Jesu.

Meditation *1. Teil*

Ton ist eine formbare Masse,
weich und geschmeidig,
ganz der Phantasie und Kunst
des Töpfers unterworfen.
Praktische und schöne Gefäße,
auch figürliche Darstellungen
lassen sich aus Ton formen.
Man kann Muster in ihn einritzen
oder ihn bemalen.
Ist er aber gebrannt, wird er hart und fest.
Einfache Gefäße kann man als
Gebrauchsgegenstände verwenden,
kunstvoll verzierte und bemalte sowie Figuren
als Schmuck in der Wohnung.

Nützlich ist der Ton auch als gebrannter Ziegel
in der Mauer oder auf dem Dach.
Alte Kachelöfen sind mit emailliertem Ton geschmückt.
So nützlich und schön er auch ist,
so zerbrechlich ist doch der Ton,
sobald er gebrannt ist.
Er hat seine Geschmeidigkeit verloren.
Wir müssen vorsichtig mit ihm umgehen,
denn zerbrochen wird er zu Abfall.

Biblisches Wechselgespräch

Weh dem, der mit seinem Schöpfer rechtet,
er, eine Scherbe unter irdenen Scherben.
  Sagt denn der Ton zu dem Töpfer:
  Was machst du mit mir?,
und zu dem, der ihn verarbeitet:
Du hast kein Geschick?
  Weh dem, der zum Vater sagt:
  Warum zeugtest du mich?, und zur Mutter:
  Warum brachtest du mich zur Welt?
So spricht der Herr,
der Heilige Israels und sein Schöpfer:
  Wollt ihr mir etwa Vorwürfe machen
  wegen meiner Kinder und Vorschriften
  über das Werk meiner Hände?
Ich habe die Erde gemacht
und die Menschen auf ihr geschaffen.
  Ich habe den Himmel ausgespannt
  mit meinen Händen,
  und ich befehle seinem ganzen Heer. *(Jes 45,9–12)*

Schriftlesung Wer bist du denn, dass du als Mensch mit Gott rechten willst? Sagt etwa das Werk zu dem, der es geschaffen hat: Warum hast du mich so gemacht? Ist nicht vielmehr der Töpfer Herr über den Ton? Kann er nicht aus derselben Masse ein Gefäß herstellen für Reines, ein anderes für Unreines? *(Röm 9,20–21)*

Meditation

2. Teil

Die Bibel vergleicht den Menschen mit Ton
und Gott mit dem Töpfer,
ein Bild dafür, dass Gott unser Schöpfer ist,
der „Künstler", aus dessen Geist und Willen
wir hervorgegangen sind.
Wir: das Produkt seiner liebevollen Bejahung.
Er hat uns geschaffen, wie er uns wollte,
er wollte uns, weil er uns liebt.
Wir können uns vorstellen,
dass er nun auf uns bedacht ist
wie der Töpfer auf sein liebevoll geformtes Gefäß,
dass er uns hegen und pflegen will,
damit wir nicht zerbrechen und zu Abfall werden.
Wir sind ja sehr zerbrechlich.
Wir wissen, wie zerbrechlich
unsere besten Vorsätze sind,
wie zerbrechlich die Ideale,
nach denen wir uns ausstrecken,
wie zerbrechlich unser guter Wille!

Der Tonkrug kann mit dem Töpfer nicht hadern,
er ist ein toter Gegenstand.
Aber der Mensch kann anfangen,
mit seinem Schöpfer zu hadern,
unzufrieden zu sein mit dem,
wer er ist und wie er ist.
Aber steht es uns zu, fragt die Bibel,
steht es uns zu, mit Gott zu rechten?
Wir sind ja nicht das Produkt seiner Laune,
sondern das Geschöpf seiner Liebe.
Wer ER Ja sagt zu uns, wie wir sind,
wie sollten wir dann Nein sagen zu uns?
Wenn er uns liebt, wie wir sind,
wie sollten wir uns dann nicht lieben können?
Wenn der Herr sagt:
„Du sollst deinen Nächsten lieben wie dich selbst!",
sagt er doch, dass wir liebenswert sind
und uns lieben dürfen.

Stille zum persönlichen Nachdenken und Beten, evtl. mit Musik untermalt.
Evtl. können Gebetssätze auch laut gesprochen werden.

Lied Was Gott tut, das ist wohlgetan (GL 294)

Splitter und Balken

Handlung

Ein Holzbalken (Holzscheit) und ein vergleichsweise winziger Span werden gut sichtbar vor der Gemeinde aufgestellt.

Kurze Stille zur Sammlung, zum Betrachten von Balken und Splitter, evtl. mit Musik untermalt.

Lied

Sag Ja zu mir (GL 165,1.3–4)

Wechselgebet

Sprecht ihr wirklich Recht, ihr Mächtigen?
Richtet ihr die Menschen gerecht?
Nein, ihr schaltet im Land nach Willkür;
eure Hände bahnen dem Unrecht den Weg. *(Ps 58,2f)*
Der Herr aber thront für ewig;
er stellt seinen Thron auf zum Gericht.
Er richtet den Erdkreis gerecht,
er spricht den Völkern das Urteil,
das sie verdienen.
So wird der Herr für den Bedrückten zur Burg,
zur Burg in Zeiten der Not. *(Ps 9,8–10)*
Der Himmel freue sich, die Erde frohlocke,
es brause das Meer und alles, was es erfüllt.
Es jauchze die Flur und alles, was auf ihr wächst.
Jubeln sollen alle Bäume des Waldes
vor dem Herrn, wenn er kommt,
wenn er kommt, um die Erde zu richten.
Er richtet den Erdkreis gerecht
und die Nationen nach seiner Treue. *(Ps 96,11–13)*

Meditation

Schnell sind wir bereit, über andere zu richten.
Wir hören vom bösen Tun
eines anderen Menschen,
schon steigen in uns Gefühle empor,
die verurteilen wollen.

Doch wissen wir,
wie jener gereizt und provoziert wurde,
ehe er zum Übeltäter wurde?
Bei wem liegt die größere Schuld?
Schnell erheben wir uns zu Richtern über andere.
Doch wissen wir,
was ihn zum Übeltäter gemacht hat?
Kennen wir seine Vergangenheit,
die Erfahrungen, die ihn
seit seiner Kindheit geprägt haben,
und mit denen er nicht fertig wurde?
Rasch fordern wir Strafe für einen Übeltäter.
Doch wie weit ist er selbst verantwortlich?
Liegt es an seiner Veranlagung
oder liegt eine Krankheit vor?
Braucht der Kranke Strafe oder Hilfe?
Schnell brechen wir den Stab über andere.
Doch wissen wir sicher,
dass wir in seiner Situation,
mit seiner Vergangenheit und seiner Veranlagung,
mit seiner Krankheit behaftet,
anders gehandelt hätten?
Die Sioux-Indianer sagen,
man dürfe nicht über einen anderen urteilen,
ehe man ein Jahr in seinen Mokassins gelaufen ist.
Gültig richten kann letztlich nur,
wer den anderen bis in die letzte Faser
seines Wesens kennt:
seine persönliche Geschichte,
seine Persönlichkeitsstruktur,
seine tatsächlichen Absichten,
alle Umstände seines Tuns.
Gültig richten kann nur Gott.
Nur er kennt den Menschen durch und durch.

Schriftlesung Jesus sagte: Richtet nicht, damit ihr nicht gerichtet werdet! Denn wie ihr richtet, so werdet ihr gerichtet werden, und mit dem Maß, mit dem ihr messt und zuteilt, wird euch zugeteilt werden. Warum sieht du den Splitter im Auge deines Bruders, aber den Balken in deinem Auge bemerkst du nicht? Wie kannst du zu deinem Bruder sagen: Lass mich den Splitter aus deinem Auge herausziehen! – Und dabei steckt in deinem Auge ein Balken? Du Heuchler! Zieh zuerst den Balken aus deinem Auge, dann kannst du versuchen, den Splitter aus dem Auge deines Bruders herauszuziehen. *(Mt 7,1–5)*

Ausdeutung

„Richtet nicht, damit ihr nicht gerichtet werdet. Denn wie ihr richtet, so werdet ihr gerichtet werden, mit dem Maßstab, mit dem ihr messt, werdet auch ihr gemessen werden."
Allerdings dürfen wir daraus nicht schließen, dass Jesus von uns ein kritikloses Verhalten fordert. Hier ist die Einheitsübersetzung ungenügend. Der Schlusssatz lautet nämlich genau: „Heuchler, zieh zuerst aus deinem eigenen Auge den Balken, dann wirst du genau sehen, so dass du den Splitter aus dem Auge deines Bruders ziehen kannst."
Wer selbst einen Balken im Auge hat, ist blind. Also kann er gar nicht objektiv richten. Wer aber den eigenen Balken entfernt hat, kann nun den Splitter im Auge des anderen sehen. Und kann ihn nun entfernen. Der Splitter im Auge des anderen muss also keineswegs unangetastet bleiben, aber wird einer, der bei sich selbst schwere Schuld, einen Balken, erkannt hat, es noch wagen, den anderen wegen eines Splitters zu verurteilen?

Stille zum persönlichen Nachdenken und Beten, evtl. mit Musik untermalt.
Evtl. können Gebetssätze auch laut gesprochen werden.

Lied

Du sagst Ja zu uns (s. Anhang S. 109) *oder*
Alles Leben ist dunkel (GL 552)

Anhang

Der Herr reicht uns den Kelch des Lebens

T/M: Werner Eizinger © beim Autor

Der Kelch des Segens

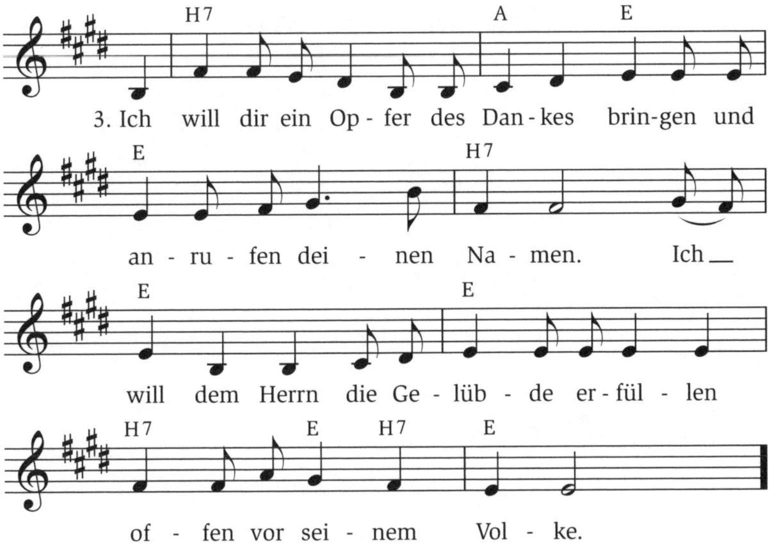

T: nach Psalm 116,12–13.15–18
M: Werner Eizinger © beim Autor

Du bist das Brot

T/M: Werner Eizinger © beim Autor

Du bist das Licht

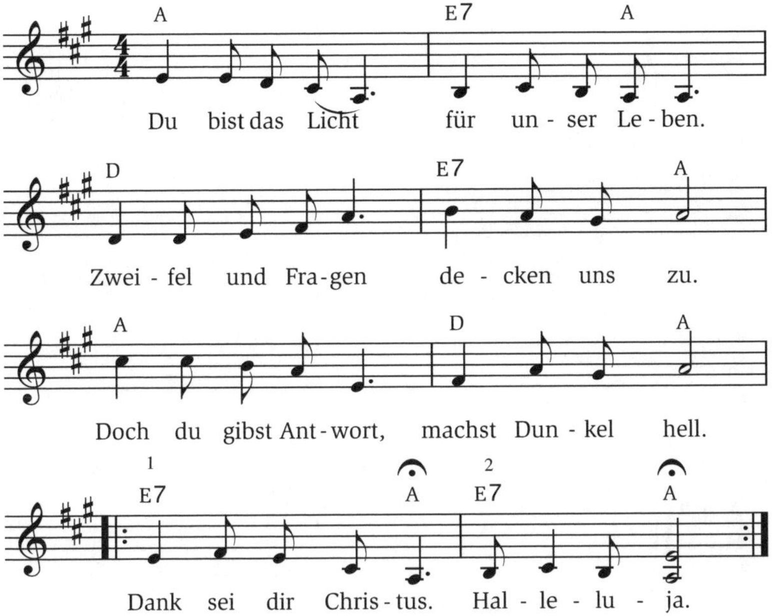

T/M: Werner Eizinger © beim Autor

Du bist der Weinstock

T/M: Werner Eizinger © beim Autor

Du sagst Ja zu uns

2. Wenn wir im Leben uns verirrt, das Herz verführt, der Geist verwirrt, wenn ratlos wir am Boden liegen, dann glauben wir:
Du sagst zu uns, du liebst uns ohne Maßen, du sagst Ja zu uns, du hilfst uns wieder auf.

3. Und wenn die Schuld uns niederdrückt, wenn wir in Sünde uns verstrickt, den Weg zurück zu dir dann suchen, dann wissen wir:
Du sagst Ja zu uns, du liebst uns ohne Maßen, du sagst Ja zu uns, du nimmst uns wieder auf.

T/M: Werner Eizinger © beim Autor

Gott, reiß uns aus das Herz von Stein

2. Menschen sind allein gelassen, wandern einsam durch die Gassen.
Menschen werden oft verlacht, wandern wie in dunkler Nacht.

3. Menschen leben stumpft dahin, wer zeigt ihnen einen Sinn?
Menschen leiden unter Schuld, warten auf ein Wort der Huld.

T/M: Werner Eizinger

Ich bin das Licht der Welt

T/M: Werner Eizinger © beim Autor

Ihr seid am Baum die Reben

T/M: Werner Eizinger © beim Autor

Ihr seid das Licht der Welt

T/M: Werner Eizinger © beim Autor

Ihr seid das Salz der Erde

T/M: Werner Eizinger © beim Autor

Komm, Heil'ger Geist

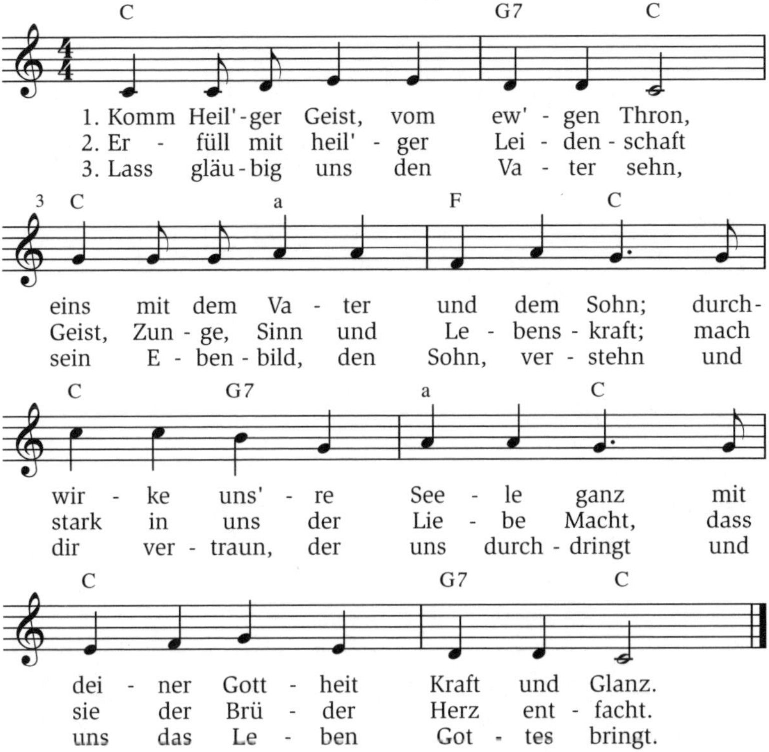

T: Stundenbuch; Hymnus der Terz,
Osterzeit ab Christi Himmelfahrt
M: Werner Eizinger © beim Autor

Kündet den Völkern

T/M: Werner Eizinger © beim Autor

Sende uns deinen Geist

3. und 4. Strophe Melodie wie Strophe 2

3. Sende uns deine Kraft, damit wir auch vollbringen,
was wir als gut erkannt, die Schwachheit bezwingen!

4. Sende uns Tapferkeit, damit wie nicht verzagen
wenn unser schwaches Herz die Feigheiten plagen!

T/M: Werner Eizinger © beim Autor

Über der Welt Gottes Geist

Kanon zu 2 Stimmen

1. Ü - ber der Welt ___ Got - tes Geist
2. In un - sern Her - zen Got - tes Geist
3. In uns - rer Mit - te Got - tes Geist

Le - ben er - schafft, Zu - kunft ver - heißt.
zur Tat uns stärkt, We - ge uns weist.
Freu - de uns schenkt, mit Mut uns speist.

T/M: Werner Eizinger © beim Autor

Wie Weihrauch steige meine Gebet

1.–3. Wie Weih- rauch stei - ge mein Ge - bet zu dir auf, an

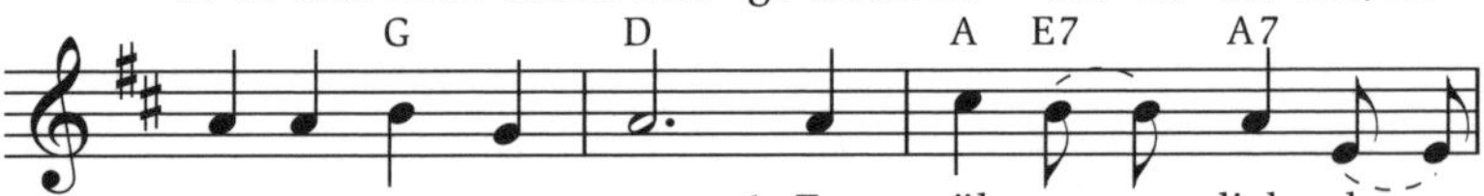

1. Es rüh - me ___ dich, den
dei-nes Him-mels Thron. 2. Es gel - te als Dank an ___
3. Mein Bit - ten ___ fin - de Ge-

ei - nen Gott, den Va - ter, den Geist und den Sohn.
dich, o Herr, den Va - ter, den Geist und den Sohn.
hör bei dir, dem Va - ter, dem Geist und dem Sohn.

T/M: Werner Eizinger © beim Autor